L'Abbé E. DUROISEL

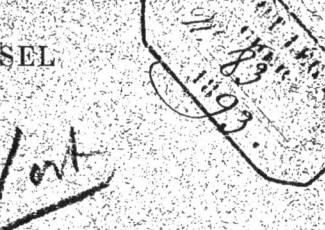

SAINT SILVAIN

SA CHAPELLE

SON TOMBEAU — SON CULTE

A LA CELLE-BRUÈRES

BOURGES
IMPRIMERIE TARDY-PIGELET
15, RUE JOYEUSE, 15

1893

DIOCÈSE
DE BOURGES

PAROISSE
DE
LA CELLE-BRUÈRES
(CHER)

A Messieurs
les Membres de la Société
des Antiquaires du Centre

La Celle-Bruères, le 15 juin 1893.

Monsieur et honoré Collègue,

Dans sa réunion du mois de mars 1891, la Société des Antiquaires du Centre m'a fait l'honneur d'entendre la lecture d'une note sur la chapelle et le tombeau de saint Silvain qui se trouvent sur ma paroisse. Le tombeau surtout est un monument archéologique de premier ordre, et, au double point de vue artistique et religieux, l'un des souvenirs les plus précieux du Berry, toutes nos traditions faisant de saint Silvain un compagnon des apôtres et le Zachée de l'Evangile.

Cependant la chapelle s'écroule et le tombeau peut périr sous les ruines. C'est un devoir pour moi de tout tenter pour empêcher leur destruction.

Les notes lues à la Société sont devenues, selon le vœu émis alors dans le rapport de notre savant et aimable secrétaire, un volume in-8°, orné de 7 phototypies de la chapelle, des peintures murales et du tombeau, qui a pour titre : *Saint Silvain, sa chapelle, son tombeau, son culte à la Celle-Bruères*.

Il me serait bien agréable de l'offrir à titre confraternel et gratuit à chacun de mes collègues de la Société, mais l'état de la chapelle et du tombeau m'impose l'obligation de chercher des moyens d'assurer leur conservation, c'est donc contre une légère offrande de 2 francs que j'aurai le plaisir de vous adresser le volume *franco*, si vous voulez bien concourir à cette bonne œuvre.

J'ose espérer que vous entendrez mon appel et en vous priant d'agréer d'avance toute ma reconnaissance, je vous offre, Monsieur et honoré collègue, mes plus respectueux sentiments.

E. DUROISEL,

Membre de la Société des Antiquaires du Centre.

Prière d'adresser les demandes accompagnées de 2 francs en mandat ou timbres-poste à M. DUROISEL, curé de la Celle-Bruères (Cher).

SAINT SILVAIN

AU PROFIT DE L'ŒUVRE DU TOMBEAU DE SAINT SILVAIN

Sepulchrum ejus est apud nos usque in hodiernum diem
(*Act.*, ii, 29)

CHAPELLE SAINT-SILVAIN (XIIIe, XVe & XVIe SIÈCLES)

L'Abbé E. DUROISEL

SAINT SILVAIN

SA CHAPELLE

SON TOMBEAU — SON CULTE

A LA CELLE-BRUÈRES

Erit sepulchrum ejus gloriosum.
(Is. xi, 10.)

BOURGES

IMPRIMERIE TARDY-PIGELET

15, RUE JOYEUSE, 15

A SA GRANDEUR MGR TANCREDI FAUSTI

ARCHEVÊQUE DE SÉLEUCIE

AUDITEUR DE SA SAINTETÉ LÉON XIII

Monseigneur,

Quarante ans se sont écoulés depuis le jour où la Providence permettait que le jeune clerc de Rome, destiné à remplir de si éminentes fonctions auprès du Chef suprême de l'Église, fût témoin à l'ouverture du tombeau de saint Silvain.

A cette époque, il vous en souvient, Monseigneur, déjà nos saintes reliques n'étaient plus en sûreté dans les murs du vieux sanctuaire. Les ruines, hélas! se sont accumulées, et il faut dénoncer aujourd'hui un danger devenu imminent.

Si la vieille foi et la générosité du Berry ne devaient pas se réveiller d'elles-mêmes, au spectacle lamentable du tombeau de l'apôtre qui partage avec saint Ursin la gloire de son évangélisation, quels gages d'espérances n'aurions-nous pas encore! Le souvenir si pieusement conservé par Votre Grandeur; le don précieux que, à sa prière, le Souverain-Pontife a daigné nous accorder; les paroles paternelles dont m'a honoré Sa Sainteté, en réponse à l'expression de ma filiale gratitude; et, enfin, la récente élévation sur le Siège de Bourges d'un pontife prêt à toutes les grandes œuvres, sont autant de promesses que des jours nouveaux vont commencer pour Saint-Silvain.

En vous offrant, Monseigneur, cet humble recueil de nos traditions, mon intention est de vous donner un gage de ma reconnaissance. Quelqu'imparfait qu'il soit, j'ose espérer que vous daignerez l'agréer, ainsi que l'hommage du profond respect avec lequel je suis,

de Votre Grandeur,

Le très humble et très obéissant serviteur.

E. DUROISEL.

La Celle-Bruères, 10 *Mai* 1893.

Cliché de M. Eugène Hubert.   Phototypie J. Royer, Nancy.

ABSIDE DE LA CHAPELLE SAINT-SILVAIN (XIIIᵉ, XVᵉ & XVIᵉ SIÈCLES)

SAINT SILVAIN

SA CHAPELLE, SON TOMBEAU, SON CULTE

A LA CELLE-BRUÈRES

Jusqu'à la fin du siècle dernier, la circonscription actuelle de la Celle-Bruères formait, sous des aspects multiples, un ensemble religieux qui, Bourges excepté, n'a peut-être pas eu son pareil dans une autre ville du Berry. Paroisse unique actuellement, quoique réunissant trois communes, elle se subdivisait en trois paroisses avant la Révolution : Farges [1], dont l'église était, dit-on, la fondation et la propriété d'une commanderie de Templiers, passée, après l'abolition de l'Ordre, aux chevaliers de Malte ; Alichamps [2], dont les trois

---

[1]. Farges, bien que jouissant de tous les privilèges de la paroisse, n'était en réalité qu'une annexe d'Alichamps. Le prêtre qui l'administrait portait le titre de vicaire d'Alichamps, desservant de Farges. Le prieur d'Alichamps, au contraire, signe, jusqu'en 1792, curé d'Alichamps et de Farges. Un acte de Mgr de La Rochefoucault de 1734 (*Reg. Par.*) mentionne cette union des deux bénéfices. L'église d'Alichamps est livrée à des usages profanes. Celle de Farges, grâce à la libéralité de M. le Comte de Jouffroy-Gonsans, dont elle est la propriété, continue d'être consacrée au culte public. Son patron primitif était saint Jean-Baptiste dont la fête, avec évangiles à l'intention des enfants, est toujours solennellement célébrée. L'acte de 1734 désigne au contraire saint Germain (d'Auxerre). Nous ignorons les causes et l'époque de ce changement de vocable.

[2]. « *Elisii Campi*, 1193 ; *Alischans*, 1260. Cette localité, située sur la voie romaine d'Avaricum à Néris, en était certainement une station. Elle devint une vaste nécropole romaine. Ces vestiges funèbres, son nom qui rappelle le cimetière antique d'Arles, les découvertes faites sur son sol par un prieur, M. Pajonnet, et publiées par l'illustre savant de Caylus, lui

absides romanes fourniraient un modèle si élégant et si pur pour quelque nouvelle église à construire ; et enfin la Celle-Bruères, dont tout le monde connaît l'église monumentale. Élevée au xie et au xiie siècle par une colonie bénédictine, elle cessa, nous ne savons à quelle époque, d'être à l'usage exclusif du prieuré qui lui est adjacent, et déjà, au xvie siècle, elle était devenue église paroissiale.

Bruères donnait son nom à l'archidiaconé formé par la partie méridionale du diocèse de Bourges, sans le donner à l'archiprêtré dont la Celle faisait partie. Elle dépendait en effet, sous ce rapport, de Dun-le-Roy [1]. La cure, suivant en cela le sort des prieurés de la Celle et de Saint-Silvain, était à la nomination des puissants abbés de Déols.

Indépendamment de ces trois centres religieux, il y avait encore, à Bruères, la chapelle de l'Hôpital ou de Saint-Mathurin, hors des murs, près de la rive du Cher, dont les bâtiments subsistent intacts [2].

valurent au siècle dernier une notoriété exceptionnelle. Aux temps chrétiens, Alichamps devint un prieuré et une paroisse, qui dépendaient de l'abbaye augustine de Pleinpied. L'église était dédiée à saint Etienne. » (B. DE KERSERS. *Histoire et statistique monumentale du Cher*.) Nous adoptons pour Alichamps et pour Bruères, comme plus conforme aux règles de l'étymologie, l'orthographe de l'auteur que nous citons. — CHASTILLON (*Topographie de la France*, éd. 1615), et LA THAUMASSIÈRE (*Histoire du Berry*, éd. 1689), écrivent aussi Bruyères ; même orthographe en maint endroit des anciens Reg. par.

1. Le diocèse de Bourges nous offre une autre particularité du même genre : Monfaucon était archiprêtré sans être paroisse.

2. Actuellement propriété particulière. Quelques familles y avaient leurs sépultures. « Elle était, dit-on, sur l'emplacement d'un temple païen et en avait conservé des débris. Elle tomba en commande de bonne heure et fut ainsi dans un complet délâbrement. En 1695, elle appartient à Claude de la Châtre, aumônier du Roy ; en 1715, à J.-B. Coulon, qui entre en possession en sonnant la cloche, et qui la donne en ferme ; en 1766, ce n'est plus que *la maison, grange et bâtiment appelée vulgairement Saint-Mathurin*. Enfin, en 1778, M. Pajonnet, pour mettre en possession M. Brilles. curé de Saint-Méry, de Paris. titulaire, n'y put dire la messe ; on ne trouve qu'un gradin près de l'autel pour se mettre à genoux ; ce fut le fermier qui, du grenier, sonna la cloche. Quel triste effet de la commande ! » (*Histoire et statistique mon.*. B. DE KERSERS.) Nous pensons que. sauf la première phrase. c'est de Saint-Sauveur. qu'il faut entendre ce qui est dit de Saint-Mathurin. La vicairie de Saint-Sauveur qui avait pour titulaire, dès 1706, J.-B. Coulon. est fréquemment mentionnée dans les registres paroissiaux. Il n'est pas parlé d'une vicairie de Saint-Mathurin.

Dans l'enceinte de la ville, près de la porte du Nord ou de Baugy, se trouvait la vicairie de Saint-Saulveur, dépendant, comme la Celle, de l'abbaye de Déols. Elle est mentionnée, d'après M. de Kersers, dès 1115, mais sous le vocable de Saint-Pierre [1]. En 1663, elle était sous la juridiction du curé de la Celle.

La chapelle de Sainte-Marguerite, dont il ne reste que des vestiges, s'élevait dans la rue Basse, sur la paroisse d'Alichamps. Un autre sanctuaire aurait existé entre la porte du Sud et la Motte, mais je n'ai pu recueillir à son sujet que des indications confuses [2].

A quelques centaines de mètres de l'entrée de la ville actuelle, sur la route de Bourges, il y avait aussi une maladrerie qui, certainement, ne fut pas dépourvue, au moins à un moment de son existence, d'un service religieux. Rappelons de plus, pour ne rien omettre, qu'on voit encore à Châteaufer et à la Châtelette les restes de deux autres chapelles : la première, construite en 1670, par Charles Le Fer, seigneur du Breuil ; la seconde peut-être par *Odiles de Larnay* (1470-1494) *seigneur du dit lieu, de la Chatelette et de Coudron*, dont la belle pierre tombale, sortie de l'église, est conservée à Alichamps [3].

L'abbaye cistercienne de Noirlac, ou de la Maison-Dieu, fondation de saint Bernard lui-même, située à 4 kilomètres en amont du Cher, est aussi sur le territoire de la Celle-Bruères. Son église du xiii° siècle, grandiose et sévère, mais malheureusement privée de son clocher et de son nartex ; ses cloîtres

---

1. Il y a en effet aux Arch. Nat. (*Série* L, *n° 223*), une bulle originale de Pascal II, de 1115, confirmant les possessions de l'abbaye de Déols. « ....*Monasterium de Cellâ cum parochia sua et capella* S^{ti} *Petri*. » Autre mention de la même chapelle dans une bulle de Grégoire IX, de 1233 (Arch. Nat., *Série* L, *n° 243, original*) sur le même sujet : « *Monasterium de Cellâ, cum parochia sua et capellam Sancti Petri de Brioria*. » Ce sont peut-être les premières traces historiques de la Celle-Bruères.(Communication de M. E. Hubert, élève de l'école des Chartes.)

2. Peut-être n'était-ce que l'oratoire particulier de M. Nicolas Hérault, chanoine régulier, résidant à Bruères vers 1770.

3. *Statistique mon.*, B. de Kersers. *Canton de Saint-Amand.* p. 96.

du XIVᵉ siècle si délicieusement ouvragés; son aile du midi élevée, au XVIIᵉ siècle, au-dessus des bâtiments conventuels primitifs, lui donnent une importance à part, parmi les anciens établissements religieux de notre province. Tout indique qu'à l'origine Noirlac, comme la Celle, possédait une colonie nombreuse de religieux.

C'est probablement à cette époque prospère que fut construite, pour le service exclusif des serviteurs de l'abbaye, la chapelle de Saint-André, non entièrement disparue, *dans la basse-cour des vénérables religieux de Notre-Dame de Noirlac*.

Ce n'est pas tout : sur la commune actuelle de la Celle s'élevaient encore deux autres chapelles. Auprès de la fontaine qui porte son nom, celle de Saint-Clair, qui a disparu il y a quelques années, pour faire place à un simple loculus où la statue grossière du saint, invoqué pour les maladies d'yeux, est encore vénérée de nos jours. C'est, avec la petite cloche *Gasparde*, baptisée le 21 août 1667 et transférée dans la tour de la Celle, le seul souvenir qui nous reste de ce modeste sanctuaire.

Enfin vient la chapelle de Saint-Silvain, vers laquelle nous allons nous diriger, et qui va faire l'objet de cette étude [1].

1. Suivant M. de Kersers (*Stat. monumentale*), « les Templiers eurent un manoir à Bruères, probablement comme refuge dans la ville fermée, pour leur maison de Farges ». Il est bien supposable que ces puissants chevaliers eurent, là aussi, tout ce qui était nécessaire pour l'exercice du culte. La grande vie au moyen-âge, celle des ordres de chevalerie en particulier, n'allait guère sans cela. — On peut en dire autant pour la Brosse, si connue aujourd'hui par le beau château construit, en 1860, par M. G. de La Chapelle, objet de l'admiration de tous les visiteurs. Cette terre appartenait, en 1654, à *Messire Charles de Longueval, chevalier des ordres du Roy, maistre de camp d'un régiment du Roy, seigneur de la Brosse et autres lieux*. Elle tomba peu après dans la maison de Bigny, en conséquence du mariage de *Charlotte de Longueval avec hault et puissant seigneur Philippe de Bigny, marquis du dit lieu, de Preux, de Valnet et autres lieux*. (*Reg. par.* 1656.) Nous croyons que les seigneurs de la Brosse, relativement éloignés des églises de Farges, de Bruères et de la Celle, ont dû organiser chez eux le service religieux, dans un édifice dont la trace a disparu avec l'ancien château. — Ajoutons, pour conserver le souvenir de tous les lieux sanctifiés, même de nos jours, par l'exercice du culte, que les sœurs de la Charité, dont l'école a été laïcisée il y a quelques années, avaient, dans leur maison de Bruères, un oratoire où était célébré une fois la semaine le saint sacrifice.

Mais, auparavant, remarquons que les édifices religieux dont nous venons de parler n'honorent pas seulement la paroisse par leur nombre : trois, parmi eux, ont une valeur artistique à part, qui leur a mérité d'être classés parmi les monuments historiques : l'église de la Celle, l'église de Noirlac, et enfin la chapelle de Saint-Silvain, moins peut-être, il faut le dire, pour sa valeur intrinsèque qu'à cause du tombeau précieux qu'elle renferme. On peut se demander si le chœur et les restes du transept d'Alichamps ne seraient pas dignes du même honneur.

Et maintenant quittons la station ; passons le Cher sur ce pont si légèrement suspendu au-dessus de ses eaux et de ses sables ; contournons les antiques fortifications de la vieille cité de Bruères qui s'élève en amphithéâtre sur la rive droite; remarquons, au passage, le milliaire romain qui nous reporte à Alexandre-Sévère, et dont le vulgaire a fait si gratuitement l'indicateur du point central de la France [1].

Après 1,500 mètres, faisons une halte sous les voûtes de l'antique église de la Celle, vraie basilique qui a abrité les générations de huit siècles. Sa vieillesse se laisse à peine soupçonner, et, sans un regard jeté sur ses voûtes trop lourdes, on ne comprendrait pas les arcs-boutants qui, à l'extérieur, descendent jusqu'au sol, et sur lesquels elle s'appuie comme sur d'immenses béquilles.

Prenons maintenant, à travers les abimes formés par les

1. Trouvé en 1757 par le prieur Pajonnet, à Alichamps, il fut érigé au centre de Bruères aux frais du duc de Chârost. L'inscription latine qu'il porte, indique la distance d'Alichamps à Bourges, à Châteaumeillant et à Néris. Dans une communication faite à la Société des Antiquaires de France (*Mémoires de la Société des Antiquaires de France*, t. XXXIXe), M. L. Lefort conteste l'authenticité de cette borne. Nous avouons ne pouvoir, jusqu'à preuves nouvelles, nous rendre à son sentiment. (Voir aussi *Mémoires de la Société des Antiquaires du Centre*, 1875-1876 ; B. DE KERSERS, *Statistique Monumentale*, 24e fasc.) Le caractère de M. Pajonnet ne laisse pas croire qu'il ait pu avoir l'idée d'une telle supercherie. — On peut dire que le prieur d'Alichamps a été en Berry l'initiateur du mouvement archéologique. A ce titre, son nom doit être conservé. Lire sa correspondance avec le savant de Caylus. (*Loc. cit.*)

carrières, la route qui mène à Dun-le-Roi. Un point d'arrêt à la lisière des grands bois de Sully pour saluer, à l'entrée de ce petit chemin resserré entre deux haies d'abrisseaux, cette humble croix de pierre. On l'appelle, dans le pays, la *croix de l'Ermitage*.

Nous faisons ainsi 300 mètres, et nous arrivons au but de notre course. Cette chapelle au toit à demi-ruiné, aux charpentes en révolte, à la porte en lambeaux, appauvrie de tout ce chœur dont le pignon, plein de fierté encore, marquait la limite, c'est, suivant nos traditions, l'asile posthume de celui qui, un jour, offrit l'hospitalité au Verbe fait chair ; c'est l'édifice qui doit faire l'objet de ce travail.

Il sera divisé en deux parties : dans la première nous étudierons, d'après les peintures murales et les sculptures du tombeau, la vie de saint Silvain, qu'une pieuse croyance confond avec Zachée, le publicain de l'Évangile ; puis nous examinerons la valeur archéologique du monument qui les renferme. Dans la seconde, nous chercherons la solution des diverses questions qui se rattachent à l'histoire de notre sanctuaire.

I

LES PEINTURES MURALES

L'enseignement par les yeux est en grand honneur de nos jours, et, à entendre ses partisans modernes, on pourrait croire qu'il constitue une découverte de notre époque. En réalité, l'Église, envoyée comme son auguste Fondateur pour évangéliser les pauvres, comprit, dès l'origine, quel parti elle pouvait tirer, pour l'enseignement des simples et l'édification de tous, des représentations peintes ou sculptées des mystères de la religion et des souvenirs héroïques de la Foi et de la Charité. « L'usage des images est de toute antiquité dans l'Église. Même pour les premiers siècles, les monuments écrits et figurés viennent attester cet usage avec certitude [1]. » Et le savant auteur que nous citons apporte à l'appui de cette thèse les témoignages les plus authentiques, et de nombreux exemples empruntés à l'Église naissante. Quel cours merveilleux de Religion et d'Histoire chrétienne ! Quel monument à la gloire de Dieu n'édifierait-on pas en réunissant les représentations, éparses à travers le monde, des vérités et des faits catholiques, tels que les arts et les siècles les ont compris !

Le Berry lui-même possède de nombreuses reliques de peintures murales remontant à des âges lointains.

Il y eut pourtant une époque où l'on cessa de jeter sur les murs de nos églises ces scènes complexes, dont on trouve tant d'exemples jusqu'au xv⁰ siècle. Était-ce absence de foi ? était-ce découragement à la vue des chefs-d'œuvre des maîtres de la Renaissance ? pensa-t-on que la toile et le cadre suffisaient à orner les parois de nos temples ? Toujours est-il qu'à partir du xvi⁰ siècle il ne faut plus compter trouver dans nos églises les décorations murales d'autrefois. Quelques exceptions se manifesteront et ce sera tout. Nous sommes à Saint-Silvain en présence d'une de ces exceptions.

Ce n'est pas à dire que le xv⁰ siècle n'ait laissé ici quelques traces de son goût pour les décorations murales. Sans parler des filets de couleur brune, simulant des coupes de pierres de moyen appareil, qui couvraient originairement les murs et les voûtes : des bandes décoratives qui coupaient, en diagonale, les angles formés par les nervures des voûtes; et enfin du chœur en ruine, qui laisse apercevoir des traces de peintures, on retrouve encore aux retombées des voûtes, dans les étroits espaces de la jonction des arcs-doubleaux, des motifs exécutés au trait, qui portent le cachet de la fin du moyen-âge. Ce sont des feuillages, des fleurs, des figures grimaçantes ou des animaux fantastiques, et, en particulier dans la Chapelle du Tombeau, deux diables à corps de boucs et à têtes humaines coiffées du bonnet des fous, dont l'un, la hotte sur le dos, fait

---

[1]. *Dictionnaire des Antiquités Chrétiennes*, par M. l'abbé MARTIGNY.

la vendange, tandis que l'autre foule le raisin, disparaissant à moitié dans un récipient qui affecte la forme du calice d'une fleur. Mais, dans leur ensemble, les scènes que nous allons décrire trahissent le commencement du XVIIe siècle, et les costumes du règne de Louis XIII.

Elles ont été superposées aux filets que nous mentionnions tout à l'heure et qui, traités plus solidement, reparaissent en maint endroit sous les effacements du second travail. Cela rend manifeste que nous ne sommes pas en présence de fresques proprement dites, de ces peintures qui, appliquées sur un enduit frais et spécial, y pénétraient et faisaient corps avec lui. Comme à Nohan-Vicq, Douadic, Pouligny, Notre-Dame de Roussines, et aussi, croyons-nous, Saint-Savin, toutes les peintures de Saint-Silvain ont été exécutées à la détrempe, et à l'aide seulement d'ocres de diverses nuances, procédé remontant aux premiers âges artistiques, employé, disent les savants, dans les hypogées égyptiennes, comme dans les catacombes de Rome.

Tout le pourtour des murs de la nef est occupé, jusqu'à la hauteur de près de 3 mètres, par des ornements grecs, panneaux, rosaces surmontés d'entablements et de corniches sur lesquels il n'y a pas lieu d'appeler davantage l'attention. C'est au-dessus de cette ornementation que se déroulent les scènes de la vie du saint patron de notre chapelle, de saint Silvestre, son compagnon de mission, et de sainte Rodène. Elles nous montreront quelle naïveté avait conservée la foi de nos pères au XVIIe siècle, et nous apparaîtront comme l'expression totale des pieuses croyances du passé.

Sans rien imaginer de nous-même, nous en trouvons le commentaire complet dans un vieux texte qui a manifestement inspiré les artistes dont nous étudions l'œuvre, édifié vingt générations, et servi durant des siècles à la prière publique d'un grand corps ecclésiastique du diocèse, sinon de l'Église de Bourges tout entière. Nous prendrons en mains les leçons de l'office propre de la Collégiale de Levroux, qui faisaient certainement partie de la liturgie des moines de Saint-Silvain ;

nous en adapterons les parties aux tableaux qui se dérouleront sous nos yeux ; et, ainsi, nous aurons, avec la bonne fortune de pouvoir éclairer l'un par l'autre deux documents précieux, la vie complète des saints honorés en cette chapelle, et un double témoignage de l'unité et de l'antiquité de nos traditions. Ainsi que le récit évangélique, qui nous donne la clé du premier tableau, nous les détachons ici en caractères particuliers, afin qu'il soit plus facile, pour une lecture d'ensemble, d'en relier les parties entre elles [1].

1° Au-dessus de la grande porte, Zachée, à la voix de Jésus-Christ, descend de son arbre. Le Sauveur, la tête entourée du nimbe, est suivi de ses apôtres, dont l'un, oublieux sans doute de la parole du maître : *Nolite possidere... peram in viâ* [2], porte gravement un panier au bras. Quelques autres personnages se montrent aussi en arrière du sycomore. La ville de Jéricho laisse voir, sur la gauche, ses murs et ses tours, qui lui donnent toute l'apparence d'une de ces villes du moyen-âge, auxquelles la Renaissance et le goût moderne n'avaient pas encore enlevé leur ancien caractère. Cette peinture est dans un tel état de dégradation, que certains connaisseurs ont pu, de

---

1. Ces légendes sont tirées des fragments d'un ancien Bréviaire, attribué au XIIIᵉ siècle, dont M. Lemaigre, archiviste de l'Indre, nous a conservé une copie. Nous ignorons où se trouve l'original. C'est cette copie que nous devons à une communication affectueuse d'avoir entre les mains. Ces fragments comprennent les offices : 1° de la fête des saints Silvain et Silvestre (22 septembre), 2° de la fête de sainte Rodène (24 septembre), 3° de la Translation de sainte Rodène (samedi après les Cendres), 4° de l'octave des saints Silvain et Silvestre, 5° de la première translation de saint Silvain (1ᵉʳ mai), 6° de la seconde translation de saint Silvain, avec son octave (1ᵉʳ dimanche de septembre), 7° les leçons à réciter chaque mois, le jeudi, pour un office votif de saint Silvain, 8° la fête du Chef qui durait trois jours (samedi avant les Rogations, dimanche et lundi suivants) n'est qu'indiquée parce que l'office était le même que pour la fête de saint Silvain. — On voit, par ce détail, quelle place saint Silvain et ses compagnons tenaient dans notre ancienne liturgie. A la fin de son manuscrit, M. Lemaigre a inséré une ancienne prose qui lui a été communiquée par M. Raynal. Elle redit en vingt tercets la vie et les miracles de saint Silvain. Nous avons retrouvé cette prose, dont M. Lemaigre a ignoré la provenance, dans un Missel de Bourges de 1547. (Bibl. de Bourges. A. 879.) Nous en parlons plus loin.
2. S. Matt., x, 10.

bonne foi, en faire l'entrée de saint Silvain et de saint Silvestre à Levroux. Évidemment Zachée et le sycomore leur ont échappé; mais le doute n'est pas possible sur l'intention du peintre, qui a donné la place d'honneur à la scène qui fut la vocation de Zachée, et le point de départ de toute une vie de sainteté et d'apostolat.

« Jésus étant entré à Jéricho, traversait la ville. Or, il y avait un homme nommé Zachée, qui était le chef des publicains et fort riche, et qui désirait ardemment de voir Jésus. Mais il ne pouvait y réussir, à cause de la foule, et parce qu'il était très petit de taille. Courant au devant, il monta sur un sycomore, afin de voir celui qui allait passer. Arrivé en cet endroit, Jésus, levant les yeux, l'aperçut : « Zachée, lui dit-il, hâtez-vous de descendre, car il faut aujourd'hui que je loge dans votre maison. » Zachée descendit en toute hâte et le reçut plein de joie. Les Juifs murmuraient en disant que Jésus descendait chez un pécheur. Mais Zachée, debout devant le Seigneur, lui disait : « Seigneur, je donne aux pauvres la moitié de mes biens et, si j'ai fait tort à quelqu'un en quoi que ce soit, je lui rends le quadruple. » Alors Jésus lui dit : « Cette maison a reçu aujourd'hui le salut, car celui-ci est aussi un enfant d'Abraham[1]. »

Sur le mur de la nef, à droite, se déroulent les scènes suivantes :

2° Saint Pierre ayant à ses côtés saint Silvain et saint Silvestre, bâtons en mains, part pour Rome. Derrière eux les murs et les clochetons d'une ville, Jérusalem peut-être, ou Antioche. Une inscription, incomplète il est vrai, laisse lire encore les mots : S. SILV... ET S. SILV... AVEC S PIERRE... ROME. Nous remarquerons que le peintre n'a pas manqué de revêtir saint Pierre d'une robe blanche, moins naïf en cela qu'on pourrait le supposer peut-être, car il paraît bien que, dès les premiers siècles[2], les Souverains Pontifes avait adopté la couleur blanche, *tinctura veritatis*, selon le mot de Clément d'Alexandrie. Ne représentent-ils pas sur la terre le Père qui est la vérité

---

1. S. Luc, xix, 1-10.
2. Martigny, *Dictionnaire des Antiquités Chrétiennes*.

— 11 —

immuable, et Jésus-Christ triomphant, assis dans les cieux sur un trône éclatant de blancheur [1].

Ici, comme dans les tableaux qui suivent, nos saints sont nimbés, non à la manière de Jésus-Christ, comme nous l'avons vu tout à l'heure, mais d'une sorte de disque suspendu au-dessus de la tête.

« Quand, après le péché d'Adam, notre père, Jésus-Christ, eut rétabli, par l'effusion de son sang, le genre humain dans l'état de grâce, il constitua dans divers lieux des prédicateurs de sa doctrine, selon le nombre de ceux qui croyaient, pour qu'ils lui conquissent des âmes. Et, parce que les idoles souillaient surtout la ville de Rome, il envoya le bienheureux Pierre, prince de la foi apostolique, qu'il y devait faire triompher. Or le bienheureux Pierre, se souvenant des commandements de son maître, choisit deux disciples, Silvain et Silvestre [2] ».

3° La scène voisine est presque entièrement effacée ; on distingue cependant saint Pierre, à peu près dans l'attitude qu'il a au tableau suivant. Les saints devaient se trouver devant lui. Dans le lointain, sur la gauche, un personnage, à genoux et les bras étendus, représente le paganisme, las de ses faux dieux, et implorant la foi qui devait le sauver : *Emitte lucem tuam et veritatem tuam !* C'est la première mission donnée aux deux disciples.

« Il ordonna à Silvain et à Silvestre d'aller remplir l'office de la prédication dans la province romaine, et d'y moissonner des âmes à la gloire de Dieu. »

---

1. *Apoc.*, xx. 11.
2. Cette première leçon, comme on voit, ne dit rien de Zachée, ni de son identité avec saint Silvain. Ce fait se trouvant mentionné ou dans l'oraison, ou dans l'invitatoire, qui manquent dans nos fragments, et étant suffisamment indiqué par l'homélie du 3ᵉ nocturne des diverses fêtes de saint Silvain, qui toutes ont pour texte la vocation de Zachée (S. Luc. xix, 1-10), il a pu paraître superflu au légendaire de le répéter dans les leçons du 2ᵉ nocturne. Un autre Bréviaire, celui de Roland de Beaune (1586), a été entièrement explicite. Voici en quels termes il commence la légende : « *Beatus Silvanus quem Zachæum Hierosolymitanum fuisse ferunt, cum in in Gallias a Beato Apostolo Petro...* »

4° Nouvelle scène où saint Pierre, debout devant un siège monumental, ouvre ses bras à saint Silvain et à saint Silvestre, tous deux devant lui : saint Silvestre, en arrière de saint Silvain. C'est saint Pierre assignant aux deux disciples leur mission dans les Gaules. La tête de saint Pierre est, pour la troisième fois, représentée ici dans son type légendaire, et semble, de toutes celles qui apparaissent dans nos peintures, la mieux traitée et la mieux conservée.

« Peu après le bienheureux apôtre Pierre apprit que l'erreur des gentils embrassait d'une manière terrible le pays des Gaules. Et, afin d'émousser et de briser le terrible aiguillon du diable, qui régnait en ces contrées, le bienheureux Pierre dit à Silvain et à Silvestre : « Frères bien-aimés, dirigez vos pas vers le pays des Gaules, et ramenez, avec l'aide de Dieu, dans la voie du salut, ceux que l'antique ennemi pousse au péché, dans ce lieu du pays des Bituriges que l'on appelle Gabatum [1]. »

5° Dans la seconde travée, près du mur qui vient en débordement sur la nef, se trouvait la mort de saint Silvestre, ainsi que l'indiquent les mots : S SILVESTRE. . MOURUT... qui reparaissent sous une décoration postérieure. On peut remarquer dès maintenant que ces quatre dernières scènes sont sensiblement mieux traitées que les suivantes, et qu'il y a lieu de les attribuer à une main différente et plus habile. Nous aurions donc ici des œuvres de trois âges ou plutôt de trois artistes distincts.

---

[1]. Faut-il écrire *Gabbatum*, ou *Gabatum*, forme qui semble avoir prévalu, ou *Gabaton*, comme porte le manuscrit que nous traduisons ? Cela nous semble d'un intérêt secondaire. Le vieux poème cité plus loin écrit de son côté *Grabatot*. Il suffit d'être assuré qu'il s'agit ici de Levroux. — « Ce qu'il peut y avoir d'invraisemblable dans ces paroles de saint Pierre qui parle expressément de Gabatum, se comprend sans peine par la simplicité du légendaire qui, plein de son sujet, raconte les choses comme elles ont dû se passer à son avis. Ce détail, évidemment, n'infirme pas la valeur de l'ensemble. Du reste, il n'y a rien d'absurde à s'en tenir au texte de nos actes. » (L'abbé L. MINGASSON, *Recherches historiques sur l'Église de Bourges.*)

« Les deux apôtres, obéissant à ce que saint Pierre leur recommandait, reçurent la bénédiction apostolique et se mirent en route.

« Mais pendant qu'ils cheminaient avec une hâte et une dévotion égales, et qu'arrivés en un lieu peu éloigné de Rome, et du nom de Béthania[1], ils s'y reposaient après y avoir élu leur demeure, il advint que le bienheureux Silvestre, compagnon de saint Silvain, obéissant à la loi de nature, sortit de ce monde.

« Alors le bienheureux Silvain, ainsi que l'exigeaient les devoirs de l'humanité, ensevelit et enterra son corps ; puis il retourna à Rome, pour annoncer à saint Pierre ce qui était advenu. »

6° Au-dessus de la baie ogivale de la chapelle du tombeau est représentée la résurrection de saint Silvestre. Saint Silvain y touche, avec le bâton pastoral que lui a remis saint Pierre, le corps de son compagnon. Silvestre est déjà levé sur son séant, les mains jointes, comme dans un mouvement d'adoration et d'action de grâces. Un des disciples du saint accompagne son maître, en arrière de lui. La lune dans son plein, une lune rudimentaire, se laisse encore apercevoir près de la tête du thaumaturge.

Le miracle d'une résurrection, opérée par l'attouchement du bâton de saint Pierre, se retrouve dans les anciens actes de saint Front de Périgueux, de saint Georges du Velay, de saint Martial de Limoges, de saint Euchaire de Trèves, de saint Clément de Metz et de plusieurs autres. C'est en réalité, dit Mgr Freppel[2], le fait d'un seul attribué à plusieurs saints par des légendaires désireux de donner plus d'éclat à leurs héros. Ces erreurs, comme l'ajoute M. l'abbé Mingasson, témoignent de l'antiquité de la tradition, loin d'ébranler la vérité de son ensemble.

---

1. On chercherait en vain ce nom hébreu de Béthanie dans les environs de l'ancienne Rome. On a eu recours pour l'expliquer à d'ingénieuses hypothèses. Nous pensons simplement que le souvenir du lieu précis de la mort et de la résurrection de saint Silvestre ne s'étant pas conservé, peut-être pour la raison majeure indiquée plus bas, le légendaire lui a donné, par assimilation, le nom de Béthanie, qui rappelait la mort et la résurrection de Lazare. Remarquons aussi que saint Silvain, rendant son compagnon à la vie, parle « au nom de celui qui ressuscita Lazare ».

2. *Saint Irénée et l'éloquence chrétienne dans la Gaule*. 3e et 4e leçons.

« Alors saint Pierre donna son bâton pastoral à saint Silvain et lui dit : « Retournez, mon fils, au tombeau de Silvestre, et, au nom de Jésus-Christ, commandez au mort de se lever. » Or Silvain, ayant pris le bâton, se remit en route, et, lorsqu'il fut arrivé à l'endroit où reposait le corps enterré, il ouvrit la fosse, et, touchant le cadavre, comme l'avait recommandé l'apôtre, du bâton qu'il tenait à la main : « Lève-toi, mon frère, lui dit-il, au nom du Père, du Fils et de l'Esprit-Saint ; au nom de Celui qui ressuscita Lazare d'entre les morts, je t'ordonne de te lever et de continuer de remplir avec moi le devoir d'obéissance que nous avons reçu de notre maître. » A peine Silvain avait-il achevé ces mots que le bienheureux Silvestre se leva plein de santé, et tous deux, reprenant le chemin qu'ils avaient commencé de faire, se hâtaient pour aller annoncer la bonne nouvelle, la pure doctrine qu'ils avaient puisée dans les enseignements de leur maître. »

7° Pour étudier, dans leur ordre logique, les peintures du mur du nord, il faut revenir à la grande porte, et les suivre en se dirigeant vers l'autel. C'est d'abord le baptême de sainte Rodène. La vierge est à genoux devant saint Silvain, qui lui verse sur la tête l'eau que contient une coquille marine.

« Or, pendant que Silvain et Silvestre allaient en prêchant la parole de Dieu dans diverses contrées de l'Italie [1], un jour, le soleil inclinant déjà sur son couchant, les deux apôtres, n'ayant aucun asile, abordèrent un homme de noble race, et lui demandèrent un abri pour la nuit. Et quoique cet homme fût païen, il accueillit les vœux des étrangers. Or, il avait une fille, nommée Rodène, fiancée d'un jeune homme de haute naissance, qui s'appelait Corusculus. Et Rodène, ayant entendu la parole de la sainte prédication, fut touchée par le ciel, et, agitant dans son esprit les dis-

---

1. Le texte porte : « *Dum diversas Italiæ partes.... peragrarent...* » Nous l'avons respecté. Le mot *Italiæ* s'est-il indûment glissé sous la plume d'un copiste ? N'eût-on pas dû écrire plutôt : « *Postquàm diversas Italiæ partes. . peragrassent...?* » Croyait-on alors en effet que Rodène, étrangère comme saint Silvain et saint Silvestre à Gabatum, venait du même pays qu'eux ?... La rectification est facile à faire. Comment la vierge serait-elle venue seule d'Italie au centre de la Gaule ? Comment Corusculus aurait-il passé les Alpes et franchi une telle distance avec ses cavaliers ? Tout indique donc que Rodène était gauloise, et probablement d'un pays peu éloigné de Gabatum.

cours évangéliques, elle se disait en elle-même : « Ah ! s'il m'était possible de conserver sans tache ma virginité pour ce divin Époux de qui tous les éléments tiennent l'existence, j'abandonnerais sans hésiter celui auquel je dois être unie dans ce monde. » Et pendant que cette vierge, encore païenne, méditait ces pensées, l'Esprit de Dieu agit en son cœur. Elle se leva aussitôt, et, dans le silence de la nuit, alla droit au lieu où reposaient les saints prédicateurs, et les pria de la baptiser au nom du Père, du Fils et du Saint-Esprit. Mais les deux saints lui répondirent : « Il n'est pas en notre pouvoir d'accomplir ici vos désirs, mais, s'il vous plait de nous suivre au lieu où nous allons, vous recevrez le baptême, et par lui vos péchés vous seront remis. »

« Ayant entendu cette promesse, la jeune fille brûla d'un plus grand désir d'être baptisée, et leur demanda de lui faire connaître aussitôt l'endroit où ils se rendaient, et le chemin qu'ils devaient prendre. Alors les hommes de Dieu, se réjouissant de la fermeté de sa foi, lui apprirent et la route qu'ils allaient suivre, et le nom du pays où ils devaient arriver.

« Et, quand le matin fut venu, ils reprirent le cours de leur voyage, guidés par le Seigneur qu'ils allaient annonçant, et arrivèrent à la ville que leur avait indiquée le bienheureux apôtre. Et là, confessant et priant ardemment le Seigneur, ils mettaient les démons en fuite, les chassaient des corps qu'ils obsédaient, et guérissaient les lépreux ; toute l'idolâtrie fut détruite en ce lieu [1] et, beaucoup d'hommes furent par le baptême délivrés des erreurs et des ténèbres qui offusquaient leurs esprits, et retirés du chemin de la mort et de la damnation éternelle.

« Ce fut alors que la bienheureuse Rodène, accompagnée de Dieu seul, vint trouver les deux apôtres, et se présenta à leurs regards. Les serviteurs de Dieu, pleins de joie de son arrivée, la reçurent avec empressement, et comme, avant tout autre bienfait, elle sollicitait celui du baptême, ils l'accordèrent à ses prières instantes. Et,

---

1. Il y a là une pieuse exagération. La prédication de saint Silvain produisit à Levroux des fruits abondants de salut ; mais il y resta des idoles et des païens. Nous en avons une double preuve dans le peu favorable accueil qu'y reçut peu après saint Ursin, et dans le fait de la destruction par saint Martin d'une idole *per hujus viri diverticula* raconté dans nos offices (*mense Augusto*). Le transcripteur de nos légendes a vu, dans ce dernier trait, une confirmation du passage de Grégoire de Tours. Mais qui ne sait que, dans la plupart des contrées où fut annoncée la foi de Jésus-Christ, les chrétiens durent pendant de longues années, parfois durant des siècles, vivre côte à côte avec les païens.

pendant qu'on la plongeait trois fois dans la fontaine sacrée, Rodène aussitôt inspirée par le Saint-Esprit, se mit avec les apôtres Silvain et Silvestre, à évangéliser Jésus-Christ mort pour le salut des hommes [1].

« Alors les deux saints, voyant Rodène confirmée dans la foi de Jésus-Christ par l'Esprit de Dieu, lui firent creuser dans le roc une retraite, où elle vécut dans la solitude et le service du Seigneur. »

8° Corusculus, le fiancé de sainte Rodène, apparaît dans la scène suivante. Il est suivi de huit cavaliers, et, en présence de saint Silvain et de la vierge, semble parler avec autorité. Sa main tient un objet qui ne semble pas être une arme, mais plutôt un bâton de commandement. Il est couvert ainsi que ses compagnons. Au costume, à l'attitude, à la coiffure de ces personnages, aux faux airs de mousquetaires de Corusculus et de sa suite, il n'est pas possible de se méprendre sur l'époque de cette œuvre. Silvain arrête de la main Rodène qui, pour éloigner à jamais son prétendant, se défigure en se coupant le nez, les lèvres, les oreilles. C'est ainsi mutilée que nous la voyons dans cette peinture.

« Cependant Corusculus, qui devait être l'époux de la bienheureuse Rodène, s'étant aperçu de son absence, fut enflammé de fureur, et, prenant avec lui quarante-quatre compagnons d'armes, ils montèrent à cheval, se mirent en chemin, et arrivèrent à l'endroit où les deux saints demeuraient. Corusculus y trouva Silvain et Silvestre, et leur demanda avec instance où s'était cachée la jeune fille qu'ils avaient séduite, disait-il. Et le bienheureux Silvain lui répondit en ces termes d'une voix calme : « Nous n'avons séduit en aucune façon la vierge que vous cherchez, mais nous l'avons rappelée de l'erreur et des ténèbres à la lumière. »

« Et comme Corusculus insistait vivement, demandant où la jeune fille se cachait, saint Silvain commanda au bienheureux Silvestre d'amener Rodène en présence du jeune homme. Mais aussitôt que la nouvelle de l'arrivée de Corusculus fut parvenue à ses oreilles, la

---

1. Nous verrons plus loin sainte Véronique se consacrer au même apostolat ; ce qui s'explique par le petit nombre des ouvriers évangéliques et l'immensité de l'œuvre à accomplir.

TOMBEAU DE SAINT SILVAIN (XVIᵉ SIÈCLE)

jeune vierge, sans attendre davantage, prit des ciseaux et détruisit la beauté de son visage, qu'elle défigura d'une façon hideuse, en se coupant les lèvres, le nez et les oreilles, afin de se rendre horrible à voir.

« Alors saint Silvain dit à la bienheureuse Rodène : « Qu'avez-vous fait des morceaux de chair que vous avez coupés pour vous rendre le visage si difforme? » Rodène les présenta au bienheureux prêtre qui les prit, les bénit du signe de la croix et les remit un à un à leur place, de telle sorte qu'aucune cicatrice ne révélait ce qui était arrivé. »

9° Au tableau suivant déjà saint Silvain a remis à leur place chacun des morceaux de chair tombés sous l'instrument, et Rodène nous réapparaît guérie de ses affreuses blessures. Mais ce premier prodige est sous-entendu et se passe, en quelque sorte, à la cantonade, et nous avons sous les yeux un second miracle qui, mieux que le premier, détermina la conversion de Corusculus. Ici, Corusculus et ses compagnons, à genoux devant saint Sylvain et sainte Rodène, demandent pardon de leur faute et implorent humblement la grâce du baptême. Une inscription à demi-effacée laisse lire encore ces mots : ...VAUX ENFONCENT EN TERRE SANS EN POUVOIR SORTIR. Disons que, d'après la légende, Corusculus passa le reste de sa vie à Levroux, dans la pratique des vertus chrétiennes, et qu'il mourut en odeur de sainteté [1].

« Mais Corusculus et sa compagnie remontèrent à cheval et partirent pleins de dépit ; or, quand ils furent éloignés d'un mille et demi, les pieds de leurs chevaux s'enfoncèrent tellement dans le sol, quoique de sa nature il fût très sec, que c'était en vain qu'on les pressait de l'éperon, ou qu'on les tirait par les rênes ; ils ne pouvaient sortir de la terre, ni se mouvoir de quelque côté que ce fût, à droite

---

1. Corusculus était honoré comme saint sous le nom de Courroux. Il reposait à Déols. Les protestants n'ont voulu que le ridiculiser en l'appelant du nom sous lequel il est connu dans une paroisse du Bas-Berry. (Cf. CATHERINOT, *Sanctuaires du Berri*, 1680.) On sait que le tombeau, objet de je ne sais quelle superstition, n'a rien de commun avec saint Corusculus. (Cf. *Mémoires de la Société des Antiquaires de l'Ouest*, 1860-1861, D^r DE BEAUFORT.)

ou à gauche. Alors, ayant abandonné leurs chevaux, Corusculus et ses amis résolurent de s'en retourner à pied vers les serviteurs de Dieu ; mais tous, sur le champ, perdirent l'usage naturel de leurs jambes. Et, n'ayant plus aucun autre moyen, ils se mirent à genoux sur terre, et arrivèrent comme en rampant jusqu'aux pieds de saint Silvain.

« Aussitôt, touchés et éclairés par le Saint-Esprit, ils supplient le bienheureux de leur accorder le baptême ; et Silvain, compatissant à leur humiliation, les releva et les rendit à leur premier état de santé. Et ces hommes, persévérant dans les règles de la sainte religion, vécurent dans ce lieu, louant et honorant le Seigneur, et, dans la suite, obéissant aux lois de la nature, ils y rendirent leurs âmes à celui qui les avait créés.

« Saint Silvain, de concert avec le bienheureux Silvestre, son compagnon, éleva, pour leur commun usage, une basilique en l'honneur de Dieu et de saint Pierre, prince des apôtres[1]. Et Notre-Seigneur, qui daigna être loué et béni dans cette église, leur communiqua tant de grâces que tout homme boiteux, aveugle, paralytique ou infirme de n'importe quelle façon, y obtenait, de la clémence infinie de Dieu, la faveur de s'en retourner en pleine santé chez lui. Et tous ceux que le malin esprit avait envahis, saint Silvain les guérissait par la seule imposition de sa main. »

La partie du mur qui domine le cintre de la chapelle de gauche ne semble pas avoir reçu de peintures. Seul le monogramme du Christ, I. H. S., apparaît sculpté, dans un écusson, sur la face externe de la clé de l'arcade. Les lettres en sont gracieuses et originales.

10° Chacune de ces quatre scènes est surmontée d'un cartouche, qui renferme les deux lettres S. S. Deux d'entre eux laissent échapper de leurs extrémités une double palme. Est-ce une simple décoration ou l'emblème du martyre qui aurait été subi par saint Silvain ? Bien qu'il soit honoré comme

---

[1]. *Sanctus Silvanus una cum Beato Silvestro consocio suo unam sibi ædificaverunt basilicam in honorem Dei sanctique Petri apostolorum principis...* (*In. fest. S. Silvani et Silvestri, Lectio II.*) Nous aurons à parler plus loin d'une autre église fondée ailleurs par saint Silvain en l'honneur de saint Étienne ; et nous avons vu que Bruères avait aussi une chapelle de saint Pierre.

martyr en plusieurs églises, du Poitou[1], en particulier, rien dans notre chapelle n'indique qu'il ait donné son sang pour confesser la foi de Jésus-Christ. Il ne faudrait pas oublier non plus que, la palme étant simplement le signe de la récompense éternelle, elle a été bien souvent attribuée aux saints confesseurs.

Voici, du reste, en quels termes notre légende raconte la mort de saint Silvain et de ses compagnons.

« Tandis que, partout dans cette province, le Seigneur se révélait par les miracles qu'il daignait opérer en ce lieu par ses serviteurs, le bienheureux Silvain, accablé sous le poids d'une infirmité corporelle, vivait, plein de mépris pour le monde, dans la contemplation du Ciel, comme un serviteur qui va bientôt revoir son maître. Et ses amis, Silvestre et Rodène, en étaient pleins de douleur, et s'affligeaient vivement. « Pourquoi, lui disaient-ils, ô notre père bien-aimé, pourquoi nous abandonnez-vous si tôt ? » Et lui, quoique son âme fût impatiente de sortir de ce monde, leur répondait : « Je vous en prie, rejetez cette pensée de deuil. » Bientôt après, les chrétiens, qui s'étaient réunis en ce lieu pour visiter Silvestre, entendirent dans le Ciel des voix qui chantaient, et ils respirèrent de merveilleuses odeurs et des parfums très suaves. Et après que la demeure du bienheureux eut été remplie, pendant une heure entière, des parfums célestes, l'âme du saint confesseur quitta son corps, et s'envola dans les cieux.

« Et les chrétiens lui firent avec respect et amour de dignes obsèques; puis, deux heures après que Silvestre et Rodène eurent prié sur le tombeau de leur père, ils furent, comme lui, délivrés du fardeau de la chair, et passèrent avec lui au royaume céleste, où ils jouissent de l'éternelle béatitude avec les saints et les élus de Dieu[2]. »

---

1. Spécialement à Saint-Silvain de Loubersac, paroisse de Mazerolles, diocèse de Poitiers. Mais, si nous avons été bien renseigné, il s'agirait d'une épreuve qui, comme celle infligée à saint Jean, devant la Porte-Latine, n'aurait pas été suivie de mort.

2. Nous avons emprunté la traduction donnée par notre vénéré professeur et supérieur, M. le chanoine L. Mingasson, dans le remarquable travail, paru, en 1865, dans la *Semaine Religieuse*. Avant lui M. l'abbé Damourette avait signalé ces fragments liturgiques. Nous ne pouvons pas oublier de quelle utilité nous ont été ses nombreux travaux sur saint Silvain. Notre excuse, pour tenter après eux une nouvelle étude, est de nous trouver

Ici se termine le récit de la vie terrestre de nos bienheureux. Sous la plume du légendaire, comme sous le pinceau des décorateurs du sanctuaire, qui nous ont dit son apostolat et ses vertus, saint Silvain nous est apparu comme notre père dans la foi et notre modèle dans la pratique du Christianisme. Mais si sa sainteté et ses travaux lui méritent notre culte et notre reconnaissance ; la dévotion qu'avaient pour lui nos saints les plus populaires, sa puissance dans le ciel où il continue sa vie de charité pour la terre qu'il a éclairée, la protection miraculeuse dont il a couvert tant d'âmes à toutes les époques, devront davantage encore provoquer notre amour et notre confiance. C'est à quoi a visé l'artiste, en puisant de nouvelles inspirations dans la vieille liturgie. Il y a choisi trois miracles plus longuement rapportés que les autres, dont les deux premiers lui ont permis de nous montrer saint Martin et saint Guillaume, et dont le troisième a dû exercer une singulière impression sur les âmes croyantes et naïves d'autrefois. Suivons-le dans la pieuse interprétation qu'il nous en donne.

11° La chapelle de gauche nous présente, de chaque côté de la fenêtre romane, deux évêques portant non seulement la chape et la mitre, mais en outre la double croix patriarcale. Celui de gauche représente saint Martin qui avait en grande dévotion saint Silvain, et qui venait chaque année, en suivant un itinéraire qui nous est connu, vénérer ses reliques à Levroux.

> Martins out toz jors en usage
> Qu'il alout en pèlerinage
> A Saint Souain chascune seson

comme il est dit dans la vie de *Mgr saint Martin*, poème du XIII° siècle de Péan Gatineau. M. l'abbé Bourassé, qui a publié

placé de façon à voir la question sous un jour différent. Tous deux ont mentionné sommairement les traditions de la Celle-Bruères et les monuments qui les consacrent ; mais déjà la monographie de la chapelle de Saint-Silvain avait fourni à M. Dumoutet, l'artiste que l'on n'a pas oublié, le sujet d'une conférence ou d'une lecture, à la Sorbonne. Nous regrettons de n'avoir pu nous procurer son travail ; il nous eût été agréable de comparer ses observations aux nôtres et de profiter de ses études.

ce poème[1], d'après un manuscrit de la Bibliothèque nationale[2], traduit Saint-Souin par Saint-Savin. Il y a d'autant plus lieu de s'en étonner que la suite du texte nomme Levroux, et raconte en détail deux miracles qu'y fit saint Martin. L'un des deux est précisément celui dont nous avons la représentation sous les yeux. Ajoutons que le martyre des saints frères Savin et Cyprien, dans le lieu qui prit le nom du premier, est très probablement postérieur à saint Martin. Le saint évêque de Tours mourut dans les dernières années du IVe siècle, tandis que les historiens ne savent s'il faut placer le martyre des saints Savin et Cyprien au Ve ou au VIe siècle. Si saint Martin est venu à Saint-Savin, comme l'indiquerait une ancienne chapelle élevée là en son honneur, il faut donc reconnaître qu'il y vint en apôtre et non en pèlerin.

La peinture qui donne lieu à cette rectification rappelle saint Martin guérissant le seigneur de Levroux qui était *meseau*, c'est-à-dire lépreux[3]. Son nom se laisse lire encore dans l'inscription presque entièrement effacée.

« Saint Martin, parcourant le Berry, arriva un jour dans la ville où reposait le corps de saint Silvain qu'il venait souvent y vénérer. Il entra dans l'église du bienheureux Silvain pour y prier, et trouva à l'entrée le seigneur de la ville qui était atteint de la lèpre. Celui-ci

1. Mame, Tours, 1860.
2. Numéro 7,333.
3. Deux fois, dans les offices dont les leçons forment la base de notre récit, il est parlé de la guérison par saint Martin d'un lépreux *dans l'église de notre Bienheureux Père saint Silvain :* 1° dans les leçons de la fête de la première translation, 2° dans l'office votif pour les mois d'avril, mai, juin, juillet. Ce n'est que dans ces dernières leçons qu'il est dit que le lépreux était seigneur de Levroux. L'artiste a-t-il simplement préféré le premier récit? ou s'est-il senti incapable de traduire la douloureuse antithèse d'un puissant du monde atteint du mal affreux de la lèpre? Toujours est-il que le lépreux qui prie saint Martin à genoux est plutôt un mendiant que le seigneur de la ville. Le vieux poème n'oublie pas ce miracle :

> Einsi rendit Martin de Tors
> Sa deite à l (un) de ses detors (débiteurs).
> La vile en fut Levroux nommée,
> Qui Grabatot ert (était) apelée.

reconnut aussitôt le célèbre et charitable archevêque de Tours, si puissant sur toutes les maladies. Par respect pour un si saint homme, et plein de confiance en son pouvoir, il ordonne à ses serviteurs de prendre soin de sa suite et de préparer un repas digne d'un tel hôte. Enfin, saint Martin étant sorti de l'église, il se jeta à ses pieds et le supplia d'accepter son hospitalité. Le saint homme, inspiré par le Saint-Esprit, et comprenant que, pour la gloire de saint Silvain, il doit être l'instrument de quelque chose de grand, répondit aussitôt : « Puisque telle est la volonté de Dieu, je me rends à votre désir ; donnez-moi le baiser de paix. » Honteux de la maladie qui le défigurait, le lépreux s'en excusa. Mais le saint, qui ne pouvait craindre une maladie qu'il allait guérir, l'embrassa. Le repas terminé, il entend le récit des cruelles douleurs du malheureux, qui le supplie de lui venir en aide. Confiant dans la miséricorde de Dieu et dans les prières du Bienheureux Silvain, il lui promet d'intercéder pour lui. Il l'engage, en attendant, à purifier sa conscience, à entendre la sainte messe le lendemain et à y recevoir de lui le baiser de paix. Le lendemain, en effet, saint Martin célèbre le saint sacrifice devant le tombeau du saint confesseur, dans lequel il avait une confiance absolue. Le lépreux y assiste, plein de ferveur, reçoit la paix de la bouche même de saint Martin, et communie de sa main. Mais le pain eucharistique, donné à l'homme pour le salut de son âme, rend au lépreux, par les mérites des saints confesseurs Martin et Silvain, la santé du corps. Ainsi, celui qui s'était approché impur et lépreux du sacré banquet s'en retourna purifié et guéri. »

12° Le second évêque porte dans ses mains, à la hauteur de la poitrine, une tête humaine, ou plutôt un reliquaire en forme de chef[1]. C'est un souvenir de la seconde translation des reliques de saint Silvain au XIIIe siècle, par saint Guillaume (1199-1209). Elle fut accompagnée de circonstances trop remarqua-

---

1. Ce saint portant dans ses mains une tête pourrait faire penser à une de ces déviations de la tradition, dont les iconographes nous donnent de si nombreux exemples. Nous en avons un témoignage dans l'église même de la Celle-Bruères où se trouve une statue de saint Silvain, qui le représente décapité, et soutenant devant lui sa tête, à la manière de saint Denis. L'idée est venue de ce que le chef du saint est conservé à Levroux, tandis que le reste de ses reliques repose dans notre chapelle. On a même greffé sur ce fait une légende bizarre, qui n'est pas assez sérieuse pour avoir sa place ici, mais qui montre bien l'imagination inventive du peuple

bles pour n'avoir pas une place à part dans la vieille liturgie, et n'être pas rappelée dans nos pieuses décorations.

« Le Bienheureux Guillaume, homme d'une piété profonde et d'une admirable sainteté, avait une grande dévotion à saint Silvain, et faisait à Levroux de fréquents pèlerinages pour y prier devant les reliques du Saint. Lorsqu'il se disposait à cet acte de religion, il disait à ses clercs : « Allons à Levroux, prier notre seigneur et père saint Silvain. » Il conçut le projet, peut-être, comme nous le pensons, poussé par une inspiration d'en haut, de retirer les saintes reliques de l'endroit trop modeste où elles reposaient, pour leur décerner des honneurs plus en rapport avec la gloire dont un si grand saint jouit dans le ciel.

« Saint Guillaume voulut réaliser ce pieux dessein avant de quitter ce monde, et, par ses lettres patentes, il fixa cette solennité au premier dimanche de septembre, et y invita le peuple et le clergé des provinces voisines. Il convoqua à Levroux les hauts barons, les seigneurs, les hommes de toutes conditions, et enjoignit aux premiers de s'y rendre en armes, afin de défendre au besoin ce précieux trésor contre ceux qui pourraient tenter de le ravir à un pays où il opérait tant de prodiges.

« Au jour indiqué, on vit à Levroux un tel concours de peuple, accouru de toutes parts pour honorer les saintes reliques, que la ville ne put contenir toute cette multitude. Elle se répandit dans les vignes et dans les vastes plaines qui environnent la ville, heureuse de souffrir quelques incommodités pour témoigner son respect au Saint, et espérant bien qu'ainsi elle aurait devant Dieu, un plus grand mérite.

« A la vue de cette foule immense, saint Guillaume loua Dieu, qui est toujours admirable dans ses saints. Et parce que un concours si extraordinaire pouvait être dangereux pour les femmes et les enfants, il ordonna, sur le conseil des hauts barons et de ceux de son entourage, de préparer sur le cimetière une estrade de laquelle il pût, selon la coutume, adresser la parole au peuple. Bientôt il parut,

pour expliquer des faits qui intéressent sa vie religieuse, et dont il a perdu l'exacte notion. Nous avons craint un instant de nous trouver en présence d'une erreur du même genre. Mais le nom de saint Guillaume, que nous avons retrouvé, nous a permis de donner à cette peinture sa vraie signification.

tenant en mains le chef de saint Silvain qu'il arrosait de ses larmes, et monta sur l'estrade, escorté des seigneurs et des chevaliers en armes.

« Lorsqu'il voulut parler au peuple, portant toujours sur son cœur le chef sacré, il sentit sa vue s'affaiblir, et bientôt il fut tout à fait aveugle. Cet accident n'était pas un châtiment : un si saint évêque ne pouvait le mériter. On crut y reconnaître un signe que saint Silvain désapprouvait l'intention du Bienheureux Guillaume de séparer le chef du reste du corps. En effet, saint Guillaume pria aussitôt le comte de Nevers, le seigneur de Châteauroux, et les autres barons et chevaliers de l'aider à reporter à l'église la sainte relique. Dès qu'elle fut réunie au reste du corps, l'archevêque de Bourges recouvra la vue et se mit, plein de joie, à rendre grâces à Dieu. Il s'obligea ensuite, par un vœu, à ne jamais retirer de l'église le chef de saint Silvain ; et il établit, pour honorer cette translation, une fête solennelle qu'il fixa, pour l'avenir, au même premier dimanche de septembre. »

13° Au mur occidental de ce transept on voit un jeune homme qui se dirige, conduit par un personnage céleste, vers une église ou chapelle. Il semble épier le retour à la santé d'un infirme, étendu sur la terre, derrière lui. Le pieux et naïf récit de ce miracle, que nous ne croyons pas avoir été reproduit encore, sera notre dernier emprunt à la vieille liturgie [1].

---

[1]. Les premiers mots de la légende indiqueraient que le fait qu'elle raconte fut contemporain de la composition de ce bréviaire. Malheureusement il n'en ressort pas d'autres lumières, et nos offices restent sans date. Plusieurs autres faits miraculeux y sont racontés : nous nous contenterons de les énumérer parce qu'ils n'ont pas de rapports avec nos peintures. Ce sont : 1° la double guérison d'une femme infirme et parjure (*Infra. Oct. SS. Silvani et Silvestri*). 2° la guérison ou la résurrection d'un maître maçon écrasé par une muraille de l'église de Levroux qu'il réparait (*In Oct. Transl. S. Silvani*). 3° la guérison d'un clerc de Toulouse, nommé Hugues (*Off. mens. Mart.*). 4° la prédication de saint Martin à Levroux et la conversion miraculeuse d'une païenne, nommée Vétula (*Off. mens. Aug.*). 5° la guérison dans l'église de Saint-Silvain d'une femme de Tours, privée de l'usage des bras et des jambes (*Off. mens. Septembr.*). 6° la guérison dans l'église de Levroux d'un seigneur de la cour de Clotaire (*Off. mens. Octobr.*), 7° la guérison d'une femme infirme devant l'autel de saint Silvain à Levroux. (*Off. mens Novembr. et Decembr.*)

« De nos jours, il y eut deux jeunes hommes, frères, d'humble naissance et pauvres des biens terrestres, mais riches devant Dieu par leur foi et leur humilité : l'un s'appelait Hanno et l'autre Rinaldus. Ils habitaient le bourg des saints martyrs Marcel et Anastase, près du château d'Argenton. L'un d'eux, infirme de tous ses membres, ne quittait pas son lit de douleur, et la maladie l'avait tellement affaibli que c'est à peine s'il pouvait se faire entendre de ceux qui le visitaient. Celui des deux qui était bien portant était tellement affligé du spectacle des douleurs de son frère, et il souffrait si cruellement d'une pauvreté qui ne lui permettait pas de le secourir, qu'il souhaitait plutôt sa mort que de voir se prolonger une vie si misérable. « O miséricordieux Jésus, disaient-ils souvent l'un et l'autre dans leurs prières, s'il plait à votre bonté, secourez-nous ! »

« Cependant, après avoir longtemps éprouvé cet homme, comme il se plait à éprouver ses fils les plus chers, Dieu l'assista miséricordieusement. Il lui inspira en songe de promettre des cierges à saint Silvain, l'assurant qu'il devrait sa guérison à l'intercession de ce saint.

« A son réveil, transporté de joie, il raconta à son frère le songe qu'il avait eu. Or, son frère l'engageait à faire ce vœu, mais le malade lui répondait au milieu de ses larmes : « Frère, je ne désire rien plus vivement, mais comment ferais-je, si celui qui m'a inspiré ce pieux désir, ne daigne me fournir les moyens de le mettre à exécution ? » En entendant ces paroles, le frère du malade lui dit : « Si tu le veux, je serai trop heureux d'aller à ta place offrir les cierges au tombeau de saint Silvain, et de prier le bon Dieu et son confesseur Silvain de te rendre la santé. »

« Cela dit, il part, plein de confiance en la miséricorde de Dieu.

« Comme il cheminait en une forêt, tenant ses cierges dans ses mains, il rencontra l'antique ennemi du genre humain, sous la forme d'un loup menaçant. Dès qu'il l'eut aperçu, il s'écria, dans sa frayeur : « Où vas-tu, maudit ? » Mais, au lieu de se retirer, le loup marcha sur le pèlerin, qui avait oublié, dans son effroi, de se signer du signe de la croix. Arrivé sur sa victime, le loup ouvrit une gueule enflammée et, de ses griffes et de ses dents, il lui laboura cruellement les chairs. Malgré tous ses efforts, le malheureux ne pouvait se délivrer des dents et des griffes de son ennemi, qui ne cessait de le traîner et de le déchirer, et allait presque l'étouffer, lorsque, par la miséricorde de Dieu, il se souvint de faire le signe de la croix. « Bon Jésus, cria-t-il en même temps, ayez pitié de moi ! et vous, saint Silvain, secourez-moi, car je vais prier à votre tombeau ! »

« Le démon ne put résister au signe sauveur et au nom de saint Silvain ; il s'évanouit comme une vapeur et disparut. Alors le jeune homme se releva et reprit ses cierges ; mais, toujours sous l'impression de ce qui venait de se passer, il restait immobile, ne sachant que faire. Pendant qu'il hésitait ainsi, un personnage resplendissant, couvert de vêtements éclatants de blancheur, lui apparut, et d'une voix où respiraient la bonté et la joie : « Ce chemin que tu vois, lui dit-il, conduit tout droit au tombeau de saint Silvain où tu vas prier et demander assistance. » Puis il ajouta : « Ne crains rien maintenant, mais n'oublie plus de te marquer du signe de la croix. Tu as vu quelle frayeur ce signe divin et le nom de saint Silvain, invoqué par toi, ont inspirée au mauvais esprit. »

« Le pèlerin reprit donc sa route et atteignit le but de son voyage. Aussitôt, il se prosterna à terre, et, au milieu de ses larmes, il se mit à prier : « Je vous rends grâces, ô saint Silvain, de m'avoir retiré des mains de Satan, et de m'avoir fait heureusement arriver à ce lieu sanctifié par vos précieux restes ! » Puis il entra dans la basilique de Saint-Silvain, s'approcha en pleurant de son tombeau, et se mit à implorer la guérison de son frère.

« Comme il allumait ses cierges et les présentait en priant à l'autel de saint Silvain, les prêtres de l'église de Levroux (*canonici*) le remarquèrent, et lui demandèrent la cause de son chagrin. Il leur raconta simplement tout ce qui lui était arrivé. A ce récit, ils furent transportés de joie, et, après lui avoir donné les consolations et les soins que réclamait son état, ils le laissèrent aller, en lui recommandant de ne jamais oublier les bienfaits de saint Silvain. En même temps que la joie rentrait dans son cœur, il se sentit guéri de toutes ses blessures. Et, étant retourné vers son frère qu'il avait laissé si gravement malade, il le trouva, par la protection de saint Silvain, entièrement guéri de tous ses maux.

« En apprenant tous les incidents du voyage de son frère, celui qui avait été infirme rendit grâces à Dieu et au saint confesseur Silvain. Il ne pouvait se lasser de redire avec son frère les louanges et les miséricordes du Seigneur, et voulut, à son tour, aller remercier saint Silvain à son tombeau. Il pria longtemps devant les saintes reliques, se présenta humblement devant les prêtres de l'église, et, après avoir reçu leur bénédiction, il s'en retourna heureux d'avoir accompli ce pieux devoir de reconnaissance.

— 27 —

« Souvent les deux frères retournèrent au tombeau vénéré. Ils se firent au loin les apôtres du nom de saint Silvain. De nombreux pèlerins, qui suivirent leur exemple et vinrent vénérer les précieuses reliques, virent leur foi récompensée par des grâces signalées. »

14° En face, sur le mur de l'est, nous voyons des armoiries qui, selon quelques-uns, seraient celles des de Bar, seigneurs de la Guerche, *losangées d'or et de gueules*, mais La Thau-

massière et l'armorial général de France [1] donnent aux de Bar des armoiries différentes : *fascé d'or, d'argent et d'azur de neuf pièces, un de chacun.*

Peut-être a-t-on confondu les de Bar avec la maison des Barres, vicomtes de la Guerche, dont le membre le plus célèbre fut Guillaume des Barres, qui prit part à la croisade de saint Louis et mourut à Nicosie, avant d'arriver en Terre-Sainte. Nous ignorons quels liens existent entre ces familles, et comment un de leurs membres a pu devenir bienfaiteur de la chapelle de Saint-Silvain.

Cependant ceux qui connaissent Roc-Amadour ont pu lire, au chevet de la chapelle miraculeuse de Notre-Dame, une inscription qui porte le nom de Denis de Bar, de la branche de Baugy, évêque de Tulle. Elle rappelle que cet édifice fut construit par ce prélat, en 1479, à la place de l'oratoire fondé par saint Amateur, et qui avait été écrasé par un bloc détaché de l'immense rocher qui le domine. Si ce fait, pieusement

---

1. *Mémoires de la Société des Antiquaires du Centre*, 1884.

conservé dans les souvenirs de la famille de Bar, fut l'origine de sa dévotion envers le saint solitaire du Quercy et du Berry, honoré à la Celle-Bruères, il serait une nouvelle confirmation de nos traditions[1]. Du reste, il n'est pas inutile de remarquer qu'il y a des affinités entre les seigneuries de la Guerche, de Baugy et de Bruères. Les de Bar possédèrent longtemps la Guerche et Baugy. D'autre part Bruères et Baugy furent unis plus tard dans les mains des Sully, puis des Condé. C'est sans doute pour cette raison que l'une des deux portes principales de Bruères était appelée porte de Baugy, tandis que la seconde était la porte de Montrond. Il ne faut pas oublier non plus que Charpeigne, la terre à laquelle les Gouge ont emprunté leur nom, touche Baugy. Guillaume, l'évêque de Poitiers, céda même quelques-unes de ses terres de Charpeigne à un de Bar[2].

On pourrait encore attribuer ce blason à la famille Bertrand de Bellefonds, qui portait *losangé de gueules et d'hermine*. Jean de Bellefonds épousa, en 1678, Marguerite, fille de Jean de Cusson, sieur de la Vallée, qui paraît avoir été, à cette époque, le personnage le plus important de la paroisse[3]. Nous avons retrouvé, durant les dernières réparations de l'église de la Celle, les deux pierres tombales de Jean de Bertrand et de sa femme, Marguerite de Cusson. Malheureusement elles ne portent pas trace de leurs armoiries ; c'est à l'*Armorial général de France* que nous avons dû en chercher la mention.

Enfin, dernière supposition, ce blason a pu être celui d'un de nos anciens prieurs, bienfaiteur de Saint-Silvain, car on le retrouve sculpté sur deux consoles de l'une des salles du prieuré de la Celle[4].

---

1. *Guide du Pèlerin à Roc-Amadour*. Toulouse. 1862.
2. **Voir** IIe partie, § iv.
3. « M. de Cusson est mort un jour de Feste Dieu (28 mai 1682) et a été enterré dans l'église de la Celle, le 29, qu'il a fondé une messe tous les samedis de l'année, et a donné 20 hommées de vigne. » (*Reg. par.*)
4. Un troisième écusson semblable vient d'être trouvé dans le jardin du prieuré, l'école actuelle. Nous l'avons recueilli et scellé à l'intérieur de l'église. Nous n'avons pas besoin de faire remarquer au lecteur que nous

Au-dessous, parmi des ornements indéchiffrables, dans un cartouche ou espèce de cadre, il y a une couronne impériale ou royale, couverte et surmontée du globe et de la croix. Est-ce une allusion, un souvenir ou un simple motif décoratif? Nous ne saurions le dire[1].

15° Si, de là, nous passons dans le transept ou chapelle de droite, nous la voyons couverte, de haut en bas, d'ornements assez vulgaires, en grande partie effacés : tentures avec glands, rosaces, frettes, ornements grecs de toutes sortes, et enfin les armoiries indiquées tout à l'heure. La vieille fenêtre, aveuglée aux deux tiers de sa hauteur, porte peut-être une image du tombeau de saint Silvain qui est dans cette chapelle ; trois anges aux ailes déployées, dont deux sont parfaitement visibles, se tiennent dans l'attitude de la vénération devant cette image dont nous ne pouvons davantage préciser la signification. Ainsi placée, cette peinture témoigne que la fenêtre est murée depuis plus de deux siècles et demi.

Pour clore cette description, nous convenons volontiers que nos peintures ne semblent pas offrir, au point de vue de l'art, un grand intérêt ; qu'elles ne sont pas non plus d'un goût bien délicat. Par l'incorrection du dessin, la naïveté des expressions, le mode de groupement des personnages, et le procédé primitif d'application aux murs, elles nous donneraient l'illusion d'une œuvre du moyen-âge, si certains détails n'indiquaient clairement l'âge que nous leur avons assigné.

Mais, bien que dépourvues du caractère archaïque qui les recommanderait à l'attention du savant et de l'artiste, elles n'en sont pas moins dans leur ensemble, à un autre point de vue, extrêmement précieuses. Elles sont un monument matériel de

---

ne décidons rien au sujet de ces armoiries. Nous consignons les diverses suppositions qui ont cours ou qui nous ont paru rationnelles, pour servir aux historiens futurs de saint Silvain et de son culte à la Celle-Bruères.

1. A moins d'y reconnaître un souvenir du passage de Louis XII qui, étant venu à Meillant visiter Charles d'Amboise, qu'il n'y trouva pas, a pu diriger ses pas vers le tombeau de saint Silvain et s'y agenouiller un instant. Ce souvenir, si pompeusement retracé sur les murs du château de Meillant, a pu être inscrit plus modestement sur les parois de l'humble chapelle.

traditions antiques dont le respect s'impose, et que, j'oserai le dire après M. le Chanoine Mingasson, « nous pouvons accepter sans défiance, puisque de pieux et savants archevêques de Bourges les ont regardées comme assez authentiques pour prendre place dans la liturgie publique de leur Église. » Par elles nous nous trouvons reliés au tombeau ; par le tombeau nous remontons à la chapelle qui l'abrite ; et la chapelle elle-même nous relie à saint Silvain auquel, tout nous autorise à le croire, elle était consacrée avant la translation des reliques qui l'ont rendue célèbre.

II

LE TOMBEAU DE SAINT SILVAIN

Mais l'objet le plus précieux de la chapelle est le tombeau du saint dont nous avons dit l'histoire. Non seulement il est, à juste titre, cher à la piété des fidèles, puisqu'il contient des reliques vénérées ; mais il est, de plus, remarquable par les sculptures dont il est enrichi, et qui en font un superbe spécimen de l'art au xve siècle.

La chapelle qui forme le bras droit du transept lui donne asile. Il consiste en un parallélipipède rectangle orné, sur ses quatre faces, de bas-reliefs enfermés comme dans un tableau dont le cadre est formé par de délicates colonnettes surmontées de chapiteaux bien fouillés et, à la partie supérieure, par des boudins brisés aux angles et formant voussure.

La hauteur du tombeau, du sol au-dessus de la table, est de 1 m. 05 ; sa longueur est de 2 m. 13, et sa largeur de 0 m. 95. Si l'on prend les dimensions des côtés, sans tenir compte de la table qui est épaisse de 0 m. 20, et du soubassement qui a 0 m. 22, afin d'avoir les dimensions des parois sur lesquelles se développent les bas-reliefs, la hauteur est de 0 m. 63, la longueur est de 1 m. 89, et la largeur est de 0 m. 71. La table supérieure déborde dans tous les sens d'environ 0 m. 12.

1° Le sujet principal consiste en une statue de beau style, couchée sur la table, à laquelle elle est soudée par un lit de mortier. Le personnage est revêtu des habits sacerdotaux : chasuble romaine, avec croix antérieure, couvrant amplement les bras, étole et manipule étroits.

Le crâne est en partie dénudé et reproduit, non sans intention probablement, le type traditionnel de saint Pierre ; la tonsure est bien marquée, et les cheveux sont coupés en rond, cachant seulement la partie supérieure des oreilles. Les mains sont, non pas jointes, intérieur contre intérieur, et levées en haut, comme cela se voit ordinairement, ou placées parallèlement au corps, selon l'usage du xve siècle, mais en croix sur la poitrine, la droite reposant sur la gauche, comme on faisait au xiiie siècle [1].

L'attitude du repos est excellente et les plis du vêtement dénotent un artiste, peut-être un maître. Les proportions de la tête, des mains et des pieds, de tout le corps, indiquent qu'on a voulu représenter le défunt de grandeur naturelle ; or il mesure seulement 1 m. 50 ; c'est donc un homme de petite taille : *statura pusillus*, comme devait être saint Silvain, s'il est bien le même personnage que le Zachée de l'Évangile.

Bien qu'on en ait dit, nous n'avons rien trouvé, dans le costume et ses accessoires, qui rappelât la dignité épiscopale. Le vide qui existe depuis les pieds jusqu'à l'extrémité de la table, permet de supposer qu'il y eut jadis aux pieds un complément quelconque, un animal par exemple ou une simple console, comme nous en avons vu ailleurs des exemples.

La tête mutilée et séparée du tronc, probablement par les iconoclastes de la fin du siècle dernier, repose sur un double coussin, terminé aux coins par des glands retombants. Deux anges, un genou en terre, soutiennent d'une main ces coussins, tandis que l'autre est appuyée sur le genou qui a gardé la position verticale. La tête de l'un et la moitié du corps de celui de droite ont été brisées, mais il est facile de voir, par

---

1. De Caumont, *Abécédaire d'archéologie*.

ce qu'il en reste, qu'ils étaient dignes, comme exécution, du sujet principal.

2° Entre les deux anges, et derrière les coussins, se trouve une tablette de pierre, à demi-brisée, soudée verticalement au tombeau, dont le cadre est formé par des moulures communes. Elle contient, en lettres gothiques, les fragments d'une inscription en alexandrins à rimes féminines, dans laquelle malheureusement le nom de saint Silvain n'apparaît pas. La voici :

> . . . . ques
> . . . . reliques
> . . . . . patron et noustre Dame
> . . . . . lieux invoque et réclame
> . . . . . tant y leurs pères faire
> . radis Dieu nous veuille retraire

3° Disons maintenant qu'il y a dans un coin de la chapelle de gauche, sur un socle de maçonnerie, une statue de saint Silvain dont la tête est aussi séparée du tronc. Le saint est vêtu de la même façon que sur le tombeau ; il porte dans ses mains un livre ouvert appuyé contre sa poitrine, et dont il montre du doigt un passage au peuple. On sent que l'ouvrier a voulu nous donner une image vivante de la statue morte du tombeau, et qu'il n'a fait que la copier pour les détails et la ressemblance. Notons cependant que la copie est loin d'avoir la valeur du modèle. Elle doit remonter au XVIe ou au XVIIe siècle, et porte encore les traces d'une décoration grossière, contemporaine probablement des peintures de la chapelle.

Passons aux bas-reliefs. Ceux qui se trouvent aux pieds, à la tête et au côté gauche du corps forment chacun une scène unique. Celui du côté droit, au contraire, renferme à lui seul cinq épisodes de la vie des saints Silvain, Silvestre et Rodène.

Cliché de M. Eugène Hubert

Phototypie J. Royer, Nancy.

TOMBEAU de SAINT SILVAIN (Inscription)

— 33 —

Pour suivre l'ordre logique, il convient de commencer par le grand bas-relief du côté gauche. Préservée par le mur à hauteur d'appui qui sépare la chapelle du chœur, il se trouve que cette scène, la plus importante de toutes, a été la moins endommagée[1].

4° Elle représente l'entrée de Jésus à Jéricho et la vocation de Zachée. Le petit homme[2], dont la tête apparaît dans le feuillage du sycomore, semble se disposer à descendre à l'appel de Jésus. Comme pour son entrée à Jérusalem, le Sauveur est assis sur une ânesse ; il parle à Zachée ; les douze apôtres le suivent. Saint Jean, qui est en tête de la troupe, n'a subi aucune mutilation. Jésus est intact, ainsi que les cinq apôtres qui, avec saint Jean, forment le rang du second plan. La tête de l'ânesse a été brisée. Quelque chose, qui nous semble être les sabots de l'ânon, indiquerait que la monture du Sauveur était suivie de sa progéniture ; mais il n'en reste pas autre chose ; et encore faut-il remarquer que les conditions du relief ont peut-être forcé l'artiste à supprimer lui-même cet accessoire.

Sous l'arbre qui porte le chef des publicains, se tient une femme. Elle a un genou en terre, sa tête est brisée, et les bras, également disparus, soutenaient un vêtement à longues manches que la rigidité de la pierre maintient debout devant elle. Ce détail demande une explication. Voici celle qui nous semble la plus naturelle.

Suivant la tradition et les actes de saint Martial, Zachée avait pour épouse sainte Véronique[3], celle-là même qui, dans la Passion, essuya la face de Jésus avec son voile.

---

1. Par son importance pour nos traditions et son étendue comme travail artistique, la reproduction de cette sculpture eût mérité d'être placée au premier rang des phototypies que nous insérons dans ces pages ; mais la présence du mur, qui a été une sauvegarde pour le bas-relief, n'a pas permis d'en prendre la photographie. La peinture murale traitant le même sujet est trop avariée pour qu'il ait été possible d'en tirer parti.
2. S. Luc, XIX, 1-10.
3. (Brev. Cadurc., XXVII Aug. ; — Orig. de l'Eglise de Bordeaux. Mgr CIROT DE LA VILLE. p. 45 ; — COR. A LAP. in MATH., XXVI, ad. 32.)

Au moyen-âge on n'eût pas reculé devant un anachronisme ; on eût bonnement représenté la sainte femme dans l'acte de miséricorde qu'elle exerça envers le Seigneur allant au Calvaire ; à la Renaissance on prend un biais, pour faire figurer son épouse dans l'événement qui détermina la vocation de Zachée. L'artiste l'a donc placée ici, dépositaire du vêtement dont son époux a dû se débarrasser pour faire plus facilement l'ascension du sycomore, et prête à le lui restituer, pour qu'il puisse plus décemment paraître devant Jésus : idée ingénieuse qui nous met devant les yeux Véronique, dans l'attitude qu'elle avait lorsqu'elle tenait dans ses mains le voile miraculeusement empreint de l'image de Jésus-Christ.

La ville de Jéricho apparaît sur la droite, avec ses murs, ses pignons et ses tours auxquels rien ne manque, ni créneaux, ni machicoulis, ni meurtrières. A la porte sont deux juifs en robes longues, l'aumônière au côté, de ceux sans doute qui, tout à l'heure, murmureront de voir le Fils de Dieu *s'asseoir à la table d'un pêcheur*.

L'un d'eux, qui a la tête brisée, appuie son bras sur l'épaule du second, dont le type est excellent. La tête de celui-ci est couverte d'un bonnet fourré, coiffure traditionnelle des Juifs. Il y avait devant eux un autre personnage dont il ne reste que les pieds, l'un à terre et le second sur le tronc de l'arbre, ce qui indiquerait qu'il prenait position pour faciliter la descente de Zachée. La scène ainsi comprise devait être pleine d'à propos et de mouvement. Il est donc bien regrettable que d'aussi nombreuses mutilations nous réduisent, sur tant de points, à de simples hypothèses.

L'artiste s'est ici écarté un peu des données évangéliques. Il lui a plu de représenter Jésus-Christ monté sur une ânesse ; nous ne lui reprochons pas cette liberté ; mais on ne voit pas dans l'Évangile Jésus-Christ se servant de monture dans une autre circonstance que pour son entrée triomphante à Jérusalem. De plus, c'est dans la ville, et non à la porte et en dehors de Jéricho, que s'est accom-

plie la vocation de Zachée : *Et ingressus perambulabat Jericho*[1].
Mais on comprend la difficulté qu'a voulu écarter l'artiste.
Cette inexactitude est de celles que permettent les exigences du
métier. Elle est, du reste, largement rachetée par l'entente de
la scène, l'agencement des personnages, l'exécution simple et
naturelle des draperies et la finesse d'exécution de tous les
détails.

5° Le bas-relief qui est à la tête du tombeau n'offre que trois
personnages, saint Pierre est assis sur sa chaire. Il reproduit
manifestement l'attitude, sinon le type, de la statue
de Saint-Pierre de Rome. Devant lui se tiennent saint Silvain et saint Silvestre, vêtus de longues robes et de manteaux
à larges manches, qui rappellent la coule bien connue des religieux cisterciens. C'est la mission donnée à nos saints d'aller
évangéliser la Gaule. Toutes les têtes sont brisées, mais ce qui
reste de saint Pierre en particulier est supérieurement traité :
l'attitude devait être majestueuse, et les draperies sont jetées
avec habileté.

6° Cinq scènes, nous l'avons dit, se déroulent sur la face
droite du tombeau. C'est d'abord saint Silvestre dans son
cercueil, que saint Silvain, revêtu de l'étole longue et étroite,
comme celle de la grande statue, et sainte Rodène voilée, l'un
à la tête, l'autre aux pieds, sont sur le point de fermer. Tandis
que leurs deux têtes sont brisées, celle du mort dans sa bière
est restée entière.

7° A côté, saint Silvain est à genoux devant saint Pierre, dont
nous verrions la main remettre à son disciple le bâton pastoral qui doit rendre la vie à saint Silvestre, si les mains,
comme les têtes, n'avaient disparu. Sainte Rodène se tient
debout, derrière saint Pierre. Elle a abandonné le voile qui la
couvrait à l'ensevelissement de saint Silvestre, et de longs
cheveux couvrent ses épaules. Sa présence dans ces deux
scènes semble être encore une licence de l'artiste, car il paraît
plutôt, d'après les plus anciennes légendes, que la vierge ne

---

[1]. S. Luc, xix, 1 ; — Cf. Bougaud, *Jésus-Christ*, chap. xv.

connut les pieux apôtres, et ne se mit à leur suite, pour être initiée à la religion chrétienne et recevoir le baptême, qu'après la résurrection de saint Silvestre.

8° Ce prodige est retracé par la scène suivante. Le saint est déjà à moitié relevé de son cercueil, à la voix de saint Silvain, qui devait le toucher de l'extrémité du bâton de saint Pierre : détail malheureusement disparu.

9° Du quatrième épisode il ne reste que saint Silvain seul, debout ; sa tête même est brisée. D'un personnage qui se trouvait devant lui nous ne voyons plus que les pieds. Était-ce Corusculus venant réclamer sa fiancée ? Était-ce la guérison de Rodène ? ou encore notre saint accomplissant un acte de son ministère, car il est encore ici revêtu de l'étole ? toutes ces hypothèses sont permises.

10° Le baptême de sainte Rodène termine la série des scènes de ce bas-relief. Saint Silvain, en étole, élève la main au-dessus de la tête de la vierge, qui, dans l'attitude du recueillement, reçoit l'eau régénératrice. La tête du saint et la partie inférieure du corps de la sainte, qui était couverte d'un suaire, ont été brisées, ainsi que la main qui versait l'eau baptismale [1]. La tête de Rodène elle-même a subi des mutilations. Une partie fruste et émergeant de la pierre permet de supposer qu'il y avait, au-dessus de cette scène, un emblème abattu par le marteau ; ce pouvait être, comme dans le baptême de Notre-Seigneur, une colombe, symbole de la grâce du Saint-Esprit, donnée à la vierge par un baptême si longtemps désiré.

C'est la main gauche que Silvain élève au-dessus de Rodène ; de la droite il porte un livre fermé. On a voulu conclure, de ce détail, qu'il était évêque, comme si le livre était un attribut exclusif de l'épiscopat ; mais c'est une opinion qui ne

---

1. Comme il y a ici de nombreuses mutilations, on ne saisit pas parfaitement l'action de saint Silvain. Peut-être ferions-nous mieux de dire que le sculpteur, se conformant ici strictement au récit liturgique donné plus haut, au lieu du baptême *par ablution*, que nous avons vu sur les murs, a représenté sur le tombeau le baptême *par immersion*. L'artiste, comme le légendaire, a cru probablement se mieux conformer ainsi aux usages de l'Eglise primitive. Il a pu y avoir erreur, mais l'intention est louable.

saurait se soutenir [1]. Que saint Silvain ait été évêque, cela nous paraît certain ; mais qu'il se montre, dans nos peintures et nos sculptures, avec un insigne quelconque de la dignité épiscopale, nous pensons que cela n'est pas.

11° Nous arrivons à la dernière scène placée aux pieds de la statue. On a cru y voir une guérison opérée par saint Silvain, à la requête de deux femmes qui lui présentent une jeune fille. Peut-être serait-ce celle de sainte Rodène mutilée, car on saisit quelque ressemblance entre la personne agenouillée ici, devant saint Silvain, et la baptisée de la scène précédente. Cette hypothèse est rendue plus probable par ce fait que saint Silvain ne porte pas ici l'étole, dont l'artiste l'a constamment revêtu lorsqu'il accomplit un acte de son ministère sacerdotal. On pourrait encore supposer qu'il s'agit de l'admission de la nouvelle chrétienne au nombre des vierges consacrées à Dieu. Ce serait le couronnement naturel de la suite des tableaux qui se sont déroulés sous nos yeux.

Saint Silvain est sur la droite, posant sa main droite sur la tête de la jeune fille agenouillée devant lui. Derrière celle-ci, dans l'attitude du recueillement, sont deux femmes voilées dont l'une est intacte, tandis que la tête de la seconde a été brisée : probablement deux vierges consacrées au Seigneur, qui, selon l'hypothèse choisie, implorent du saint la guérison de Rodène, ou son admission parmi elles.

Tel est le tombeau que possède la paroisse de La Celle-Bruères. Nous l'avons décrit minutieusement parce qu'il complète l'histoire du saint, déjà tracée sur les murs de la chapelle. Mais ces pierres, qui sont précieuses pour les traditions qu'elles confirment, le sont plus encore pour les saintes reliques qu'elles renferment, et dont nous aurons à parler, après avoir étudié le sanctuaire qui contient leur châsse.

1. G. DE SAINT-LAURENT. *Art chrétien*, art. Livre et *passim*.

III

LA CHAPELLE DU BOIS-DE-SULLY

Les vicissitudes de la chapelle ont été nombreuses. Ce qui nous en reste ne dépasse pas l'importance moyenne d'une église de campagne ordinaire. Mais les ruines de l'abside, de forme carrée, dont le pignon s'élève solide encore, après des siècles d'abandon, permettent de supposer que le XIIIe siècle fut l'époque de sa vraie splendeur. Peut-être l'incendie a-t-il causé ces ruines, car il entre dans les murs faits postérieurement, et on trouve fréquemment dans les chemins des alentours, des pierres rouges, comme le deviennent les moellons des bancs supérieurs de nos carrières soumis au feu.

Cette abside, de style ogival primitif, était éclairée par une belle fenêtre géminée avec rose dont l'ogive, à sa partie inférieure, affecte la forme de l'arc en fer-à-cheval (arc outre-passé). C'est là, croyons-nous, un détail qui, commun en Espagne, où l'on s'inspira longtemps de l'architecture mauresque, est assez rare en France. On y accédait, à gauche, par une porte à cintre surbaissé, refaite probablement plus tard. Une crédence trilobée, sans fronton, qui possède encore sa double piscine, ainsi que la tablette horizontale en pierre qui servait à déposer les objets du culte, ornait la muraille de droite. On a peine à s'expliquer comment les restaurateurs du XVe siècle n'ont pas conservé cette partie, qui est certainement la plus belle, et dont la solidité ne devait pas faire de doute alors. Nous croyons qu'il serait possible de l'utiliser encore et de la rendre à son ancienne destination.

Ainsi privée de ce qui était autrefois le chœur, la chapelle affecte la forme d'une croix latine à laquelle on aurait enlevé la partie qui dépasse les bras. De la porte d'entrée au mur auquel est adossé l'autel, elle mesure intérieurement dix-huit mètres, elle en aurait dix de plus avec l'abside abandonnée ;

la largeur, près de la grande porte, est de 6 m. 40, et la largeur intérieure, d'une extrémité du transept à l'autre, est de 13 mètres.

L'un des transepts, à en juger par son étroite fenêtre en plein-cintre, serait roman ; l'autre est du XIIIe siècle, comme l'indiquent sa fenêtre, l'angle primitif de sa toiture et l'élégante petite croix qui surmonte son pignon. Mais les voûtes, qui ont été faites postérieurement, ont exigé la surélévation des murs, et par conséquent l'augmentation du degré angulaire, ce qui a notablement modifié l'aspect primitif.

Les murs, épais de 0 m.75, sont soutenus par des contreforts, dont la disposition rappelle encore une particularité spéciale au XVIe siècle ; ceux qui sont aux extrémités, au lieu d'être parallèles au mur, selon la pratique des époques antérieures, sont disposés de façon à faire face aux angles ; aussi n'en existait-il pas dans le chœur, et ceux qui sont aux angles du transept lui sont manifestement postérieurs, et n'ont été ajoutés qu'au temps de la construction des voûtes. Ils sont d'une grande simplicité, quoique non dépourvus d'élégance.

La porte principale a tous les caractères des derniers temps de la période ogivale : accolade, pinacles en application garnis de bouquets de feuilles déchiquetées, niches surmontées de dais, nervures prismatiques, ouverture surbaissée au-dessous du tympan. Au centre de ce tympan et dans les pinacles de cette porte se trouvent des armoiries, dont nous aurons à parler plus loin et qui sont répétées vingt-deux fois dans la chapelle. La disposition et l'ornementation de cette porte sont fort élégantes, et sont ce qu'il y a de plus remarquable dans l'église actuelle.

Au-dessous de cette porte, deux ouvertures jumelles, à la partie supérieure en accolade, munies d'abat-sons derrière lesquels est encore une clochette, ne permettent pas de supposer que, dans sa dernière transformation, la chapelle ait été surmontée d'un clocher. Nous ignorons la destination de deux paires de corbelets, placés de chaque côté du mur de façade, à la hauteur de la naissance du pignon.

Une seconde porte, à cintre surbaissé, s'ouvre dans le mur du midi. Tandis que la porte principale permet d'entrer de plein pied dans la chapelle, celle-ci nous oblige à descendre cinq marches. Au-dessus se trouve une fenêtre de style ogival, aveuglée, et qui était encore ouverte à l'époque de la confection des dernières peintures. Il est assez probable qu'elle provient de l'ancienne nef, et qu'elle aura été utilisée sans modification par les derniers restaurateurs. Il n'existait pas d'autres fenêtres dans la nef.

Cette nef n'a qu'une seule travée, divisée en deux par les arcs des voûtes. La retombée de ces arcs repose, non sur des piliers, mais sur de simples consoles, qui portent, presque toutes, les armoiries remarquées à la porte d'entrée. Le chœur actuel est divisé de la même façon, ce qui nous donne en tout quatre clefs de voûtes, ornées des mêmes écussons.

Au lieu d'être de même largeur que la nef, ce chœur est comme étranglé, par suite, sans doute, de la nécessité de rendre plus spacieuses les deux chapelles du transept. Il en résulte que les murs, dans lesquels s'ouvrent l'ogive de droite et le cintre de gauche, envahissent inégalement le chœur, et que le reste de la nef est en retraite sur lui, à gauche, de 0 m. 60, et à droite, de 1 m. 50. Cette disposition, du reste, a été exécutée antérieurement aux voûtes, construites en raison de cette particularité.

Les voûtes qui, hélas! menacent ruine, ont tous les caractères des ouvrages du XVe siècle : elles sont surbaissées ; les arceaux sont saillants et prismatiques, et la coupe des voussures affecte les formes bien connues de cette période : celle d'une carène de navire à quille.

Le transept de gauche, éclairé par une fenêtre étroite et en plein-cintre, constitue la partie romane de l'édifice. Un mur dallé, à hauteur d'appui, le sépare du chœur. Une simple interruption de ce mur, à l'extrémité antérieure, laisse un passage du chœur à la chapelle.

Le transept de droite, qui renferme le tombeau de saint Silvain, est éclairé par une fenêtre géminée, qui est une assez mauvaise imitation de la fenêtre de l'ancienne abside, bien qu'elle semble lui être contemporaine : peut-être a-t-elle été inhabilement retouchée. Une arcade ogivale, avec un mur semblable à celui d'en face, et une porte en accolade permettent de communiquer avec le chœur.

Avant la destruction du chœur du XIIIe siècle, une baie qui s'ouvrait en plein-cintre dans le mur sur lequel s'appuient maintenant l'autel et une partie du transept droit, atteste qu'une partie au moins de l'édifice actuel a existé en même temps que l'abside abandonnée.

Il subsiste donc, dans notre chapelle de Saint-Silvain, des fragments de trois époques différentes. Le bras gauche du transept prouve l'existence d'un édifice roman antérieur à l'abside en ruine. Cette abside et le bras droit du transept affirment qu'elle fut profondément modifiée au XIIIe siècle. Enfin la nef et les voûtes, contemporaines de la suppression du chœur ancien, forment, avec l'adjonction du transept, l'édifice actuel, et indiquent la dernière transformation du sanctuaire.

Quel que soit son avenir, qu'il soit condamné par l'indifférence à disparaître, ou que la piété lui fasse de nouvelles et glorieuses destinées, nous avons pensé qu'il était bon de garder le souvenir de l'état où nous le voyons aujourd'hui. Dans le premier cas, notre chapelle n'aura pas cessé d'exister entièrement ; dans le second, il sera agréable à nos neveux de comparer ce que nous en aurons su faire avec l'état de ruine où nous l'a laissée la génération passée.

SECONDE PARTIE

Répondons maintenant, dans la mesure où nos recherches nous le permettent, aux questions qu'on a dû se poser en lisant la première partie de ce travail.

La critique confirme-t-elle la croyance traditionnelle sur saint Silvain ? Connaît-on les fondateurs et les restaurateurs de la chapelle ? Quel régime était celui de la chapelle au point de vue religieux, paroissial, et que sait-on du pèlerinage ? Quelle solution appelle la situation actuelle de ce sanctuaire précieux ?

I

LES RELIQUES DU TOMBEAU

Il ne saurait nous suffire d'avoir lu l'histoire de saint Silvain deux fois écrite dans notre chapelle ; il nous faut connaître les liens intimes qui l'unissent à cette terre, sur laquelle tant de générations se sont plu à l'honorer. En dehors des preuves écrites que les siècles passés ne nous ont pas transmises, nous espérons qu'il ne nous sera pas impossible de montrer au moins la vraisemblance et la vénérabilité de nos traditions.

Dans le procès-verbal de la première ouverture du tombeau, en 1853, M. le vicaire général Caillaud se pose les questions suivantes, sans oser les résoudre : « Ce saint Silvain est-il le même qu'on vénère à Levroux ? Ce saint Silvain de Bruères est-il le saint Silvain solitaire en Berry, dont le martyrologe indique la fête au 22 septembre ? Saint Silvain est-il Zachée, le publicain de l'Évangile, comme l'indiquent les peintures à fresque de la chapelle et les sculptures qui ornent le tombeau? Ce n'est pas ici le lieu de discuter cette question. »

On ne peut qu'applaudir à cette réserve d'un simple procès-verbal ; mais M. l'abbé Caillaud, qui avait tant étudié les traditions du Berry, n'ignorait pas qu'on ne saurait soutenir l'existence d'un triple personnage honoré sous le nom de Silvain, et qu'en réalité il y a fusion parfaite entre les traditions de la Celle-Bruères et celles de Levroux. Pour elles, le saint vénéré à Levroux, celui de notre chapelle, le solitaire du Berry et le Zachée de l'Évangile sont un seul et même personnage, dont la fête se célèbre en effet le 22 septembre.

Quelle que soit l'obscurité de nos traditions, et tout en nous interdisant de les soutenir par des preuves qui ne reposent sur aucun monument écrit, rien ne nous empêche, sans les ériger en dogme, non seulement d'y être attaché, mais encore de les défendre par les arguments locaux dont nous sommes en possession.

Il ne faut pas oublier que nos vieilles croyances, à la vérité confuses et mêlées de puérilités à cet endroit, font vivre saint Silvain au lieu même où s'élève sa chapelle. Mais ces souvenirs contiennent au moins une étincelle de vérité, et nous dirons volontiers, avec un de nos savants confrères, que « le culte de saint Silvain à la Celle-Bruères est aussi ancien qu'à Levroux, et remonte au passage du saint venant du Quercy à Levroux ». Serait-il impossible que l'ermitage indiqué par la petite croix du bois de Sully fût un souvenir de saint Silvain lui-même?

Quoi qu'il en soit, l'obstination religieuse de nos pères à conserver dans ces lieux, qui devaient être autrefois extrêmement sauvages, mais situés à proximité de stations romaines importantes, un monument religieux plusieurs fois profondément modifié, sinon totalement reconstruit, nous est un témoignage de l'antiquité de ce sanctuaire. Et pourquoi ne pas ajouter que c'est peut-être l'antiquité de cette tradition et de ce culte qui ont fait choisir autrefois La Celle-Bruères comme dernière dépositaire des reliques de saint Silvain, quand Levroux dut s'en séparer?

Mais examinons si nos croyances ne reposent pas sur des bases plus solides.

Trois sanctuaires, Roc-Amadour, Levroux et la Celle-Bruères ont eu des prétentions sur les reliques de notre saint. Aucune autre église, que nous sachions, ne se considère comme dépositaire de ces précieux restes. Or, il est remarquable que, dans l'état actuel des choses, la possession d'aucune de ces églises ne contredise en rien celle des autres.

Pendant longtemps on crut posséder à Roc-Amadour les reliques de saint Amateur, le même que notre saint Silvain, qui avait vécu dans les rochers de cette étonnante contrée. Mais, quand on alla aux preuves, on put se convaincre que cette prétendue possession reposait sur un fait sans rapport avec l'apôtre du Quercy et du Berry. La conclusion fut que le dernier historien et restaurateur du pèlerinage de Roc-Amadour rétablit toutes choses dans la vérité et démontra que le tombeau de saint Amateur n'était pas dans les rochers où il avait passé une partie de son existence [1].

Mais, si cette église n'est plus une rivale pour nous, les traditions de Levroux ne contredisent-elles pas les nôtres ?

D'après elles, saint Silvain est son apôtre ; il meurt sur son territoire ; ses reliques y sont gardées avec un soin jaloux ; saint Martin, au IVe siècle, se plaisait à venir prier à son tombeau ; les peuples accouraient en foule pour demander sa protection et la guérison de leurs maux. Nous savons de plus qu'à

---

[1]. *Histoire critique et religieuse de Roc-Amadour*, par le P. Caillau. Paris, Ad Leclère. — L'auteur dit simplement que « le corps découvert en 1166, dans le vestibule de la chapelle de N.-D. de Roc-Amadour, est celui d'un solitaire humble et inconnu qui, par son humilité, a voulu cacher son nom et auquel la dévotion particulière a donné le nom de saint Amadour ».

— Les erreurs de ce genre se produisent parfois sans qu'il soit toujours possible de ressaisir la trace exacte des faits qui leur ont servi de prétexte. C'est ainsi que Vézelai bénéficia longtemps du préjugé qui faisait de sa basilique le tombeau de sainte Marie-Madeleine, sans tenir compte de la possession de la Sainte-Baume. Mais il est bien rare que, une fois la période d'enthousiasme passée, la vérité ne reprenne pas ses droits et ne restitue à chacun ce qui lui appartient. (*Sainte Marie-Madeleine*, par le P. Lacordaire, et la thèse en sens inverse : *Vezelai Monastique*, par M. le chanoine Gally. — Faillon. *Mon. inéd.)*

l'occasion des diverses translations des reliques, plusieurs archevêques de Bourges, et en particulier saint Guillaume, organisèrent des fêtes splendides, et qu'en 1305 Guillaume de Cambrai fait visiter les châsses et attester par procès-verbal que le corps de saint Silvain est encore à Levroux.

Que se passa-t-il alors? et comment fut-il frustré de son trésor? Nous savons seulement par un acte du chapitre qu'en 1334, les reliques avaient disparu, et qu'il ne restait plus à Levroux que la tête du Saint, renfermée par Philippe Berruyer, au XIIIe siècle, dans un reliquaire en forme de buste. Si, comme le disent les *Petits Bollandistes*, des reliques ont été détruites par les protestants en 1562, ce ne sont pas celles de saint Silvain, qui n'y étaient plus avant 1534. De nos jours, Levroux possède encore sa relique, et chacun sait, en Berry, que le concours des fidèles est considérable à la fête du Chef.

Arrivons à la Celle-Bruères. Notre chapelle contient un tombeau qu'on a toujours regardé comme renfermant les restes de saint Silvain. Une inscription mutilée porte encore en toutes lettres le mot **reliques**. Ce tombeau, qui semble n'avoir pas été ouvert depuis le jour où son dépôt lui fut confié, le fut une première fois en 1853 par M. l'abbé Caillaud, vicaire général de S. E. le Cardinal du Pont. S'il eût renfermé un personnage ordinaire, on eût trouvé tous les ossements étendus dans toute la longueur du sarcophage. Le procès-verbal constate qu'il n'en fut rien. Une grande partie des ossements manquaient, et ce qui restait était amassé dans un petit auget, creusé dans une pierre, et disposé comme un objet précieux entre des assises cimentées, comme il était naturel, en un mot, de traiter les reliques d'un saint.

Il n'y a pas lieu de nous arrêter à la seconde ouverture du tombeau, faite en 1882, par M. l'abbé Blanchet, vicaire général de Mgr Marchal, qui atteste que toutes choses ont été trouvées dans l'état où les avait rétablies M. l'abbé Caillaud [1].

---

[1]. Il convient de dire qu'en cette circonstance, un fragment d'ossement fut, par permission de Mgr l'Archevêque, distrait du reste des reliques et donné à une paroisse du diocèse (*Saint Julien-de-Thevet*), afin d'y être

Il y a plus, l'examen détaillé des ossements donne une force nouvelle aux traditions de la Celle-Bruères et de Levroux. Chaque partie des reliques est examinée avec attention, et on n'y découvre aucun fragment qui ait pu faire partie d'un crâne. « On y trouve, dit le procès-verbal de 1853, presque tous les os du bras, de l'avant-bras, de la jambe, de la cuisse, du fémur, de la rotule du genou, plusieurs fragments des côtes, mais rien de la tête. » N'est-ce pas là au moins une coïncidence bien digne d'attention ?

Une preuve nouvelle ressort de l'étude du tombeau lui-même. Ces reliques, auxquelles Roc-Amadour ne prétend plus, qui, sauf la tête, ne sont plus à Levroux, depuis une date qu'il faut fixer, nous l'avons vu, entre 1505 et 1534, qu'aucun autre sanctuaire ne nous dispute, où les retrouvons-nous ? Dans un sarcophage sur lequel est reproduite toute la vie de saint Silvain, et dont l'architecture nous reporte exactement à la première moitié du xvie siècle, c'est-à-dire au temps précis où la translation a dû s'opérer.

A la vérité, les causes et les circonstances de cette translation restent environnées de mystère [1], et c'est à peine si nous pourrons nous permettre tout à l'heure quelques suppositions à leur sujet ; mais ne faudrait-il pas plutôt nous étonner qu'il en fût autrement ? Ou bien les reliques couraient à Levroux un

publiquement vénéré. Une autre parcelle, longue d'un doigt, était restée entre les mains de l'un des témoins de l'ouverture. Après l'avoir pieusement conservée pendant huit ans, il l'a, sur notre demande, restituée à l'église. Nous espérons que l'autorité ecclésiastique voudra bien reconnaître l'authenticité de cette relique et permettre qu'elle soit offerte à la vénération des pèlerins de la Celle-Bruères. (*Reg. paroissial : Procès-verbaux.*)

1. On aimerait à admettre la supposition, émise par M. l'abbé Damourette (*Le Culte de Zachée. Rev. du Centre, 1890*), de l'intervention de l'un des membres de la maison d'Amboise, alors propriétaire de Meillant, dans la réalisation d'un fait que le chancelier, dont nous aurons à parler bientôt, aurait vainement tentée. Nos recherches n'ont pas confirmé cette hypothèse. Du reste, les bois qui entourent Saint-Silvain dépendaient autrefois de la terre de Montrond, et ne sont entrés que tardivement dans celle de Meillant, en vertu de la vente qui en fut faite au duc de Chârost, le 26 février 1766, par François-Joseph de Bourbon-Conti, héritier de Mlle de Charolais. (Cf. *Une ville seigneuriale, en 1789*, par F. Dumonteil.)

danger auquel il fallait les soustraire, ou bien une influence puissante, qui redoutait, malgré tout, le ressentiment des possesseurs primitifs, en avait obtenu la translation dans un autre sanctuaire. Soit qu'il s'agit d'éviter une profanation, soit qu'on dût se mettre en garde contre un froissement populaire, l'enlèvement a dû se faire d'une façon clandestine et avec le plus grand silence[1]. Les faits, une fois accomplis, il n'y avait plus qu'à laisser à l'avenir le soin de dévoiler la réalité d'une translation dont le secret momentané s'imposait. La popularité, rapidement établie, du pèlerinage de la Celle-Bruères, témoigne assez que son trésor ne fut pas longtemps ignoré.

Ici on pourra nous faire une objection à laquelle nous voulons répondre. « N'a-t-il pas pu arriver que les restes contenus dans le tombeau n'eussent pas appartenu au saint auquel on les attribue? N'y a-t-il pas eu erreur dès le principe? Une substitution n'a-t-elle pu avoir lieu dans le cours des âges? » Il est bien évident d'abord qu'une simple supposition ne saurait prévaloir contre une croyance aussi antique, contre les présomptions et les preuves qui sont en notre faveur. Mais enfin, si le doute subsistait encore, nous y répondrions par ce simple mot du protestant Leibnitz : « En prouvant que l'on peut avec justice honorer les saints, nous avons montré que l'on peut vénérer de même leurs reliques, et, en leur présence, ainsi que devant des images, rendre des hommages aux saints à qui elles appartiennent. Or, comme il ne s'agit ici que de pieuses affections, peu importe, lors même que, par hasard, les reliques que l'on croit véritables seraient supposées[2]. »

Faudrait-il donc interrompre tout culte devant ces tombeaux et ces reliquaires qui n'auront pas pour eux l'appui des preuves historiques communes? Avec ce principe, trouverait-on beaucoup de reliques, parmi celles qu'on nous dit remonter

---

1. Qu'on se reporte à la légende de la translation des reliques de saint Silvain par saint Guillaume, et l'on se rendra compte, par les précautions prises en cette circonstance, des convoitises que devait exciter le trésor de Levroux. (1re partie, p. 23.)

2. Darras. *Hist. de l'Église*, t. III, p. 16.

Cliché de M. Eugène Hubert. Phototypie J. Royer, Nancy.

CONVERSION DE CORUSCULUS

Fragment des Peintures Murales de la Chapelle de Saint-Silvain

(Comm¹ du XVIIᵉ Siècle)

aux origines de l'Église, qui fussent encore dignes du culte religieux? Le mieux n'est-il pas de nous dire que les honneurs que nous leur rendons sont un culte relatif : il ne s'arrête pas à ces précieux débris, ils vont aux saints dont la foi croit qu'ils ont été les corps. Et quand même il arriverait exceptionnellement que ce culte reposât sur une erreur populaire, qui ne voit, si nous écartons le cas invraisemblable, impossible, où des honneurs religieux auraient été rendus aux restes d'un indigne, combien seraient vénérables encore des sanctuaires où cent générations ont exhalé leur foi et leur amour, des tombeaux où reposeraient des mortels assez saints pour être confondus avec de plus saints encore, assez agréables à Dieu pour partager, avec ceux que l'on invoque en leur présence, la gloire de tant de faveurs versées par le ciel, la reconnaissance des multitudes secourues et consolées?

Vingt siècles se sont écoulés depuis la mort de saint Silvain ! Quatre cents ans ont passé sur la possession de la Celle-Bruères ! Et le temps, qui use tant de choses, n'a pas entamé nos traditions. Que dis-je? En les respectant, il les a revêtues du caractère propre de la vérité qui est de demeurer toujours. Oui, il reste ici des points obscurs ; mais ces peuples, qui se sont donné rendez-vous dans tous les siècles au tombeau de la Celle-Bruères et de Levroux, ne sont-ils pas la voix de Dieu rendant témoignage à un saint qui fut lui-même son « témoin à Jérusalem, dans la Judée et la Samarie, et jusqu'aux extrémités de la terre [1] ? »

II

SAINT SILVAIN ET ZACHÉE

Nous pourrions à la rigueur nous tenir pour satisfaits de l'assurance fondée de posséder les reliques de saint Silvain, à quelque société, à quelque siècle qu'il ait appartenu d'ailleurs.

1. *Act.*, I, 8.

Mais nous pensons que ce serait manquer à une partie de notre tâche que de ne rien dire de l'identité de saint Silvain avec Zachée. Nous l'abordons donc parce qu'elle fait partie de nos traditions, et parce qu'elle repose sur des raisons assez solides pour servir de base aux croyances de la piété et aux informations de l'avenir.

Les traditions du Bordelais et du Quercy, qui historiquement précèdent les nôtres, sont à cet égard aussi affirmatives que possible. Qu'on lise, dans l'ouvrage de Mgr Cirot de la Ville, si savamment élaboré [1], le chapitre de l'Apostolat de sainte Véronique et de Zachée, et on sera étonné de la multitude des témoignages qui se réunissent pour attester la mission de Zachée dans la Gaule. Il faudrait le citer tout entier, et reproduire ces dépositions de témoins étagés à tous les siècles, depuis Bernard de la Guionie, évêque de Lodève, écrivain du XIIIe siècle, jusqu'au dernier historien de Roc-Amadour, cité plus haut, et le Propre actuel de l'Église de Cahors [2], en passant

---

1. *Les Origines chrétiennes de Bordeaux*, grand in-4o. Bordeaux, 1867. — Le vénérable auteur ne parle pas des traditions du Berry sur Zachée et ne dit, de son apostolat, que ce qui a trait à son sujet. Mais, dans la lettre qu'il nous faisait l'honneur de nous écrire peu de temps avant sa mort, il nous disait que s'il n'a « pas suivi la personne de Zachée dans ses faits », c'est qu'il lui « était impossible de comprendre tant de choses dans un ouvrage déjà si considérable ». Sa pensée était donc que l'apostolat de Zachée, d'Amateur, de Silvain, avait eu sa continuation sur un autre théâtre. Cette continuation, un autre prêtre de talent et de zèle, le regretté M. Damourette, en a poursuivi les traces avec une constance et une sagacité qui, nous l'espérons, auront leur récompense dans le rétablissement du culte de saint Silvain à son tombeau.

2. Citons cependant le Propre de Cahors, soumis avant le nôtre à l'approbation de Rome, qui résume toutes les traditions de cette Église : « *Sanctus Amator idem prorsus est ac Zachæus in Evangelio laudatus, et ipsi... uxor fuit sancta Veronica seu Berenice... Devenerunt ad oram maritimam territorii Burdigalensis, ubi non paucos a falsorum numinum cultu revocarunt, quos adveniens sanctus Martialis sacro fonte abluit... Amator, relicta uxore in loco cui nomen Soulac... Sancta Veronica e vita cessit circa annum Christi septuagesimum.* (*Prop. Cadurcense*, XXVI Aug. Lect. IV.) — Il y a, à Rocamadour, « dans l'oratoire des missionnaires, une tapisserie ancienne en fils de couleur entourée d'un cadre en bois noir. Or, cette tapisserie représente Zachée et sainte Véronique prosternés aux pieds de la Vierge-Mère. Sainte Véronique tient en main la sainte Face, Zachée est en costume d'évêque, avec une aube, une étole, une chappe et le rational ; sa crosse repose à ses pieds. Cette tapisserie est reproduite dans un grand tableau peint à l'huile, exposé aux regards de tous, dans la grande salle où se réunissent les pèlerins. » (Abbé Damourette, *le Culte de Zachée*.)

par le pape Martin V, saint Antonin et les innombrables chroniqueurs, qui ont traité de l'Église de Bordeaux et de la prédication de la foi dans le Quercy. Nous ne pouvons qu'y renvoyer le lecteur.

Le dirons-nous cependant? Il est un point que ces traditions touchent à peine, bien loin de s'y appesantir, comme font tous les hagiographes pour leurs héros : c'est la mort d'Amateur ou de Zachée. Elles l'indiquent, parce qu'il est de la destinée de tous les hommes de mourir; mais elles le font sans détails, comme on énonce un fait dont les circonstances sont inconnues. Il est impossible de ne pas être frappé de cette lacune. Comment n'y pas voir comme une indication que là ne se termina pas l'apostolat de Zachée, et que sa mission dut se poursuivre sur un théâtre inconnu des Églises auxquelles cet apôtre porta d'abord la foi?

Pour nous, c'est dans le Berry, c'est à Levroux, que se continua cet apostolat, que se consomma cette vie. Le P. Berthier, au milieu du siècle dernier, interprète de dix-huit siècles de traditions, pouvait écrire en parlant de Levroux : « On y paraît persuadé que ce saint (saint Silvain) est le publicain Zachée de l'Évangile. » C'était donner le dernier mot d'une croyance que le P. Longueval, dans son *Histoire de l'Église Gallicane*, indiquait avant lui par les lignes suivantes : « On y honore encore (dans le diocèse de Bourges) deux autres saints apôtres, saint Silvain et saint Silvestre, qu'on prétend être plus anciens que saint Ursin [1]. »

Toutes nos réserves faites en ce qui concerne saint Ursin, nous avons mieux encore que ce double témoignage. Toute la

---

1. Sans nommer saint Silvain, qui est le seul dont l'apostolat puisse être placé, toutes réserves faites, avant celui de saint Ursin, voici comment N. Catherinot traduit cette croyance universelle : « Il est bon d'observer que, dès le 1er siècle, il y avait des chrétiens dans nos Aquitaines, et que les petits apôtres du IIIe siècle n'ont fait qu'instituer les épiscopats et régler leurs divisions : aussi saint Ursin trouve fort peu de résistance à Bourges. Les premières missions des douze grands apôtres n'ont commencé que dix ans après la mort de Notre-Seigneur, qu'ils se divisèrent ; et c'est ainsi qu'il faut concilier Sévère-Sulpice et Grégoire de Tours avec les traditions de nos églises. » (N. CATHERINOT, *Les Archevêques de Bourges*, p. 1.)

liturgie berruyère [1] du moyen-âge, atteste en effet la croyance du Berry à l'identité de saint Silvain avec Zachée, et, au milieu des variantes des diverses retouches liturgiques, une chose reste invariable, c'est cette oraison que l'on trouve pour la première fois dans l'office en prose rimée d'un vieux missel manuscrit, conservé à la Bibliothèque de Châteauroux, et qui paraît remonter à une haute antiquité : « *Deus, qui..... Zachæum vocare et cum eo hospitari dignatus es in terris...* [2] » Dans un martyrologe du pape Urbain VIII la même oraison était reproduite en note.

Le XVIIIe siècle, qui se crut appelé à purifier tant de choses, fit chèrement payer à saint Silvain les honneurs du passé. Il ne fut pas, il est vrai, entièrement rayé du catalogue de nos

---

1. Les monuments liturgiques qui consacrent nos traditions sont au nombre de six : 1º Les offices propres de l'église collégiale de Levroux, qui nous sont connus par la copie de M. Lemaigre et d'où nous avons extrait nos légendes ; 2º un bréviaire manuscrit en prose rimée, conservé à la bibliothèque de Châteauroux (nº 2) : il paraît appartenir au XIVe siècle ; 3º le bréviaire de Bourges, imprimé en 1510 par ordre de Jean-Cœur ; 4º le bréviaire de Renaud de Beaune (1586) ; 5º le bréviaire de Bourges, imprimé sous le pontificat de Roland Hébert (1622-1638) ; 6º enfin le martyrologe mentionné plus bas et qui était la propriété de M. Manceau, ancien curé de Levroux. — La bibliothèque de Bourges possède de plus : 1º *Missale Bituricense ad usum insignis Ecclesiæ Bit. excud. Johannes Garnier*, 1547 (nº A. 879) ; 2º *Missale ad usum insignis Ecclesiæ Bit. exactum opera magistri Johannis Hygman Aleman.* Paris, 1493 (nº 22), dans lesquels se retrouve toujours l'oraison ci-dessous.

2. Voici du reste cette oraison en entier :
Deus, qui beatum Silvanum Zachæum vocare et cum eo hospitari dignatus es in terris, ipsumque coruscantem miraculis gloriosum ostendis in cœlis, præsta, quæsumus, ut, pro cujus amore sociorumque ejus, languores ignium sanas in membris, vitiorum nostrorum flammas extinguere digneris in nobis, qui vivis...
Remarquer encore le verset de l'office rimé : *Hic vir de discipulis creditur fuisse — quibus auctor luminis legitur dixisse — voce non occulta : Messis quidem multa pauci operarii.* Et l'invitatoire :
Adoretur homo Deus
Cujus hospes est Zachæus
Qui Silvanus est vocatus
In baptismate renatus.
On sait qu'après la publication du bréviaire de 1734, on fit retirer de la circulation tous les anciens bréviaires. Voilà pourquoi il est si difficile de se les procurer. Nos recherches sur la liturgie de saint Silvain ne sauraient donc être complètes. (V. Abbé RICHAUDEAU, *Observations sur le Bréviaire de Bourges*, imprimé en 1734 ; GRILLON DES CHAPELLES, *Esquisses biog. : Sainte Rodène.*)

saints locaux; mais c'est une simple commémoraison que lui accorde, au 22 septembre, le dernier *Missale Bituricense*. Il devait être donné à notre âge de réparer cette erreur et cette ingratitude, et peut-être le temps n'est-il pas éloigné où l'on reviendra purement et simplement à la croyance traditionnelle, et où notre vieille oraison reprendra sa place sur les lèvres sacerdotales. En effet, effacez de la légende de saint Silvain tout ce qui fait de Zachée un même personnage avec lui, vous la rendez méconnaissable ; vous y sentez une mutilation que les lois mêmes de la critique condamnent. C'est ainsi que les leçons actuelles du Propre de Bourges, si édifiantes malgré leur brièveté, en ne rattachant plus saint Silvain à aucune époque fixe, paraissent dépourvues de la précision que l'on aime tant à trouver dans un document de ce genre [1].

1. Mais nous nous hâtons d'ajouter qu'il résulte d'une note du travail de M. Mingasson (*Sem. Rel.*, 1865, p. 398) que cette lacune a été voulue par Rome qui, lors de l'approbation des offices propres du diocèse de Bourges, a cru devoir différer de donner une sanction solennelle à ce point particulier de la légende de saint Silvain. Nous ne pouvons, en fils soumis, que nous incliner devant la prudente et maternelle réserve de l'Eglise. Mais l'approbation du Propre de Bourges remonte à plus de trente ans. Saint Silvain a été étudié depuis cette époque, et il ne nous paraît pas douteux que sa cause pourrait être défendue aujourd'hui par des arguments qui inclineraient l'Eglise à restituer à notre apôtre tous les titres qui le rendent cher à notre piété. Nous-même, nous nous sommes incliné avec la plus filiale soumission devant la sage réserve de Sa Sainteté Léon XIII qui, en nous accordant l'année dernière le beau calice que nous valut un souvenir se rattachant à saint Silvain, défendait de donner, à ce témoignage de sa paternelle libéralité, le sens d'une reconnaissance des reliques de saint Silvain et de son identité avec le personnage évangélique. « *Quin merus pontificiæ liberalitatis actus in cujuslibet recognitionis detorqueatur sensum, quem illi Sanctitas Sua nunquam et nulli modo tribuere vellet.* » Nous nous faisons un devoir d'y faire allusion ici, tant pour fixer de nouveau l'expression de notre reconnaissance, que pour donner une nouvelle preuve de l'union de notre pensée avec celle du Chef auguste de l'Eglise, que nous avons eu la joie de pouvoir remercier nous-même l'année dernière.

Ce calice nous a été obtenu par Sa Grandeur Mgr Tancredi Fausti, archevêque de Séleucie et substitut de la Secrétairie des Brefs, qui, n'étant que clerc tonsuré, avait assisté à l'ouverture du tombeau, en 1853. Il est en vermeil ciselé, et porte sous le pied l'inscription suivante :

PONTIFICI
LEONI XIII BOHEMI
VRBIS LINCII, LOETANTES
DONA VER VNT

Ajoutons qu'un tableau, placé derrière le maître-autel de Levroux, représente Zachée monté sur le sycomore, comme nous l'avons vu dans notre chapelle [1].

Après la description que nous avons faite de nos peintures et de nos sculptures, nous ne supposons pas que le doute sur les traditions de La Celle-Bruères soit possible : elle a cru, elle croit encore posséder Zachée.

Notre modestie berruyère nous fait trouver étrange, au premier abord, cette destinée du publicain croyant, dont la gloire commence à Jéricho, et dont une église en ruine du Berry serait devenue le tombeau. Pourquoi cela ne serait-il pas ? La Gaule n'a-t-elle pas été la terre de prédilection, le champ d'apostolat des plus chers amis de Notre-Seigneur ? Pourquoi Zachée, qu'aucune autre église ne nous dispute, ne serait-il pas venu jusqu'à nous ? Le Quercy, qui le proclame son premier apôtre, ne reconnaît-il pas que son zèle pour le salut des âmes fut à la hauteur d'un apostolat multiple ? « Et ne serait-il

---

Remarquer qu'en additionnant, avec leur valeur absolue, toutes les lettres qui sont employées comme chiffres romains et se détachent en majuscules, on forme le millésime de 1887, année du Jubilé du Saint-Père, à l'occasion duquel lui fut offert ce calice par la paroisse bohémienne de Linz (Haute-Autriche).

(Sem. Relig., 25 janvier, 13 septembre 1890.)

On peut, comme souvenir local, rapprocher de celui-ci le chronogramme placé, en 1415, par l'archevêque de Bourges, Guillaume de Boisratier, sur les murs de la Sainte-Chapelle du duc Jean de Berry.

ME DVX ConstrVXIt bItVrICVs atqVe dotaVIt
prœsVL, et attendens anno prœsente saCraVIt

La Thaumassière, Hist. du Berry, ch. x. — Catalogus Archiepiscop. Abb.it. etc. (Manuscrit appart. à M. le Curé de Saint-Amand.)

1. « Mgr de la Tour d'Auvergne, étant à Levroux en cours de visite, ouvrit le reliquaire qui contenait le chef de saint Silvain ; il le trouva fracturé en plusieurs morceaux ; il imagina de rapprocher les uns des autres les divers fragments du crâne, de les coller lui-même sur un fort papier. Quelle ne fut pas la joie du pieux prélat, lorsque, le chef étant reconstitué, il eut devant lui le crâne d'un homme de petite taille. Il l'embrassa, le mouilla de ses larmes et le fit vénérer à tous ceux qui étaient autour de lui. » (L'abbé Damourette, Histoire du culte de Zachée, Revue du Centre, 1890.) Ce serait la confirmation de la strophe suivante :

Pretiosi capitis signat forma
Sphærica, tam modica,
Quæ fuerit Zachæi,
Hospitis prædivitis summi Dei. (Office ancien, loc. cit.)

pas beaucoup plus extraordinaire que nos ancêtres eussent imaginé ce conte sans aucune espèce de fondement ? » Nous croyons que cet argument, employé par Mgr Freppel, pour défendre l'apostolat de Lazare et Marie-Madeleine en Provence, ne perd rien de sa force pour être appliqué au saint de Levroux et de La Celle-Bruères.

Nous ne savons s'il y a des exemples de toute une contrée honorant, comme son initiateur à la foi, un saint qui ne serait pas en réalité son lien avec l'Évangile ; mais il faut bien reconnaître que, si cette invraisemblable erreur a pu se produire, elle a dû être extrêmement rare, et nous hâter d'ajouter que tout nous autorise, dans le cas présent, à penser que nous ne sommes pas en présence d'une de ces erreurs.

Combien de sanctuaires, possesseurs de souvenirs remontant aux premiers âges chrétiens, et chers à la piété des fidèles, dont les traditions ne sont pas étayées par de plus fortes preuves que celles qui nous attestent l'identité de saint Silvain avec Zachée ! L'impossibilité même d'indiquer l'époque où a pu prendre naissance cette croyance, est l'indice le plus sérieux, non seulement de son antiquité, mais de sa vérité [1].

---

1. « Ce n'est pas une mince autorité que celle d'une Eglise venant témoigner, par une tradition non interrompue, du nom, des œuvres et de la vie de son fondateur. N'y aurait-il là qu'une transmission orale, communiquée de bouche en bouche, d'une génération à l'autre, sans preuves écrites, encore ne faudrait-il pas traiter légèrement un pareil témoignage. Lorsqu'une tradition est debout depuis plusieurs siècles, sans qu'il soit possible de lui assigner une origine différente des événements mêmes qu'elle rapporte, on peut supposer avec raison qu'elle existait également dans les temps antérieurs où l'absence de documents ne permet pas d'en rechercher les traces : en pareil cas, et jusqu'à preuve du contraire, possession vaut titre. Il n'en est sans doute pas de ces traditions particulières, relatives à des faits d'un intérêt local, comme de la tradition divine et dogmatique qui se conserve dans l'Église universelle avec l'assistance de l'Esprit-Saint. J'admets bien volontiers que le récit de la fondation d'une église particulière, passant de main en main, puisse subir des altérations plus ou moins graves ; mais il reste toujours un fond de vérité qui résiste à la négation, parce qu'il s'agit là d'un ordre de faits qui intéressent vivement toute une classe d'hommes, dont le souvenir est mêlé à ce qu'il y a de plus pratique et de plus usuel dans leur vie religieuse, c'est-à-dire à la liturgie. » (Mgr Freppel. *Saint Irénée*, 3ᵐᵉ leçon.)

M. l'abbé Mingasson (*Sem. Rel.* 1865, nº 34), produit des arguments semblables. « Pourquoi donc, dit-il, Zachée ne serait-il pas l'un de ces

Une autre considération achèvera de rendre vraisemblables nos traditions. Parmi les personnages évangéliques, il n'en est peut-être pas un seul dont l'histoire ou la tradition ne suive l'apostolat et la vie, et ne nous indique le tombeau. Comment Zachée, qui a une si belle et si touchante page dans l'Évangile, serait-il seul peut-être à ne laisser aucune trace dans les annales de l'établissement du christianisme? Car il est impossible de le reconnaître dans ses trois homonymes cités au martyrologe : ni dans le Zachée d'Antioche tombé dans une hécatombe de chrétiens et dont parle saint Jérôme, ni dans le Zachée de Palestine qui confesse la foi seulement sous Dioclétien, ni même dans le Zachée, évêque de Jérusalem et quatrième successeur de saint Jacques, dont la mort n'arriva que vers l'an 116.

Nous objectera-t-on le livre des *Reconnaissances*, l'un de ceux qu'on est convenu d'appeler *Clémentines?* Cornelius à Lapide le cite comme étant de saint Clément et dit, d'après lui, que Zachée fut disciple de saint Pierre et fut établi par lui évêque de Césarée de Palestine (*Stratonis arx*). Le premier point concorde avec nos traditions; le second contredit, pensons-

divins envoyés qui rayonnèrent jusqu'où s'étendait l'empire romain? Quelle impossibilité, quelle invraisemblance y a-t-il à cela? Pourquoi s'en rapporter à une répugnance aveugle pour contredire et couvrir d'un ridicule odieux des traditions qui sont chères aux fidèles, et dont on ne peut démontrer que l'origine est apocryphe! C'est bien là, certes, le moment de dire aux contempteurs de nos souvenirs légendaires : « Nos croyances, nous les avons reçues de nos pères qui « les tenaient des leurs ; c'est chez nous une possession si antique que nous « en avons perdu les titres, mais nous possédons; et c'est à vous, qui atta- « quez ces biens de famille, c'est à vous à prouver d'une manière irréfuta- « ble que nous sommes dans l'erreur, que notre droit est nul. Et s'il y a des « contradictions à expliquer, des objections à résoudre, nous ne sommes « pas obligés de prendre l'initiative : nous possédons, et notre état ne doit « pas être changé par nous-mêmes. » C'est ce que nous avons plein droit de répondre aux contradicteurs de la tradition qui nous occupe. Sans doute il serait téméraire de vouloir la considérer comme une donnée certainement historique : le défaut d'antiquité dans les documents qui la consacrent, les prétentions respectables de deux autres Églises ont empêché Rome, toujours si prudente, de donner à cette tradition aucune approbation solennelle. Mais qu'il y a loin de cette admirable réserve aux négations hardies de certains critiques! » Nous avions écrit les pages précédentes quand ce passage nous est tombé sous les yeux. Nos pensées se sont donc touchées de près. La dernière phrase accuse cependant une divergence que, nous l'espérons, la page suivante achèvera d'expliquer.

nous, les traditions mêmes de l'Église de Césarée, dont le centurion Corneille passe généralement pour avoir été le premier évêque[1]. L'historien Eusèbe, qui occupa le même siège, ne le nomme, parmi ses prédécesseurs, ni dans sa *Chronique* ni dans son *Histoire ecclésiastique*. Du reste, fût-il avéré que Zachée eût commencé par être évêque de Césarée, que cela n'infirmerait en rien le bien fondé de nos croyances ; il a pu comme saint Pierre, qui vint établir sa chaire à Rome, après avoir fondé le siège d'Antioche, abandonner Césarée à un successeur et suivre son maître, pour aller ensuite de Rome évangéliser la Gaule. Rien ne nous empêcherait d'admettre cet apostolat palestinien, qui remplirait le temps qui s'est écoulé depuis la mort du Sauveur jusqu'à l'an 42, époque de l'arrivée de saint Pierre dans la capitale du monde romain. Mais il est loin de reposer sur un fondement suffisant. Le livre des *Reconnaissances,* et en général les trois livres des *Clémentines* « conception de l'Ébionitisme », ne sont pas l'œuvre de saint Clément. Cornélius à Lapide s'est trompé en le lui attribuant. Mgr Freppel prouve[2] que ce livre n'a pu être écrit qu'entre les années 150 et 170, c'est-à-dire plus d'un demi-siècle après la mort de saint Clément, et qu'il ne constitue pas un récit historique, mais, selon son expression, un « roman théologique ».

On ne saurait donc s'appuyer sur un ouvrage de ce genre, qui, à d'autres points de vue, est loin d'être sans intérêt, pour y puiser des preuves décisives. Il reste fort douteux que Zachée ait été d'abord évêque en Palestine ; il l'est plus encore que Césarée l'ait absorbé, et qu'il y ait terminé sa vie. Le martyrologe romain qui, en nommant saint Silvain, s'abstient, il est vrai, de l'identifier avec le célèbre publicain, ne fait même pas mention du prétendu évêque de Césarée. Comprendrait-on ce

---

1. *Bollandistes*, 2 février.
2. PÈRES APOSTOLIQUES, leçons 8ᵉ et 9ᵉ ; ORIGÈNE, leçon 14ᵉ.

silence, si les livres des *Clémentines* étaient de ceux auxquels on peut demander des preuves historiques[1] ?

Nulle part donc le souvenir de Zachée de Jéricho ne se retrouve, si ce n'est à Roc-Amadour, à Levroux, et à la Celle-Bruères. Faudra-t-il délaisser même cette trace, et admettre que, seul au milieu des âmes distinguées par le Sauveur, il n'a pas été jugé digne d'un apostolat auquel le prédestinaient si bien les bénédictions de Jésus? Non, rien ne nous autorise à rompre avec les croyances du passé, et, au lieu d'abandonner nos traditions, sous prétexte de je ne sais quelle critique, notre devoir est de les entourer de respect, fiers de la part qu'a eue dans l'évangélisation du Berry ce nouveau fils d'Abraham dépositaire des promesses du Christ, non seulement pour sa famille selon la chair, mais aussi et surtout pour les enfants qu'il devait engendrer à la vérité du Verbe.

S'il reste ici des obscurités, souvenons-nous que, comme il y a des points de la foi divine, auxquels nous sommes plutôt conquis par les besoins du cœur que par les démonstrations de la raison, de même Dieu, qui nous a caché si souvent les preuves de nos origines chrétiennes, a voulu que le cœur nous indiquât de la même sorte le chemin de nos berceaux. Le mystère qui les entoure ne permettra pas à l'histoire de leur donner la place qui conviendrait à leur dignité, mais il sera pour nous une nouvelle indication de leur antiquité, et comme un caractère divin qui nous les rendra plus chers.

III

APOSTOLAT DE SAINT SILVAIN

Nos traditions ne sont pas incontestables, leur lien avec les réalités qu'elles supposent échappe à nos investiga-

---

1. C'est donc une légère erreur qu'a commise L. Veuillot (*Jésus-Christ*, édition Firmin-Didot, IIe part., ch. vi) cité par M. Mingasson, lorsqu'il parle *d'après saint Clément* de l'épiscopat de Zachée à Césarée. Bien loin, du reste, d'exclure son apostolat parmi nous, il ajoute ces paroles qui

tions, et le point capital de l'identité de saint Silvain avec Zachée pourra faire le sujet de longues discussions. C'est vrai ; et, pour ces raisons, l'Église se doit à elle-même ; elle doit au respect qu'elle professe pour la foi de ses enfants, de nous faire attendre encore l'approbation solennelle qui mettrait un terme à la controverse. Qu'elle ferme la bouche parce que son heure n'est pas encore venue, ou qu'elle l'ouvre pour confirmer la vieille foi du Berry en son apôtre, nous avons tous une égale soumission pour son silence et pour sa parole, et nous attendrons, pleins de confiance, qu'il lui plaise de faire sienne la croyance que nous tenons de nos pères.

En attendant, non seulement la prudence de l'Église n'enlève rien à nos preuves, fondées sur les traditions les plus vénérables, et assez solides pour servir de base à un culte légitime, encouragé par tous les pontifes du siège de Bourges ; mais nous entrons dans ses vues en conservant, comme un trésor précieux, cet héritage du passé, dans lequel elle peut puiser un jour pour mettre en lumière un point de son histoire resté dans l'ombre.

C'est pourquoi nous ne craindrons pas de les envisager sous un nouvel et dernier aspect, qui nous les rendra plus chères encore.

Il n'est plus possible, aujourd'hui, de mettre en doute l'évangélisation de la Gaule par les disciples et les envoyés des apôtres ; et c'est aller contre toutes les lois de la vraisemblance que de retarder jusqu'au IIIe siècle l'apparition des premiers prédicateurs de l'Évangile au delà des Alpes.

Il a fallu tout le parti-pris de l'école prétendue historique, des « dénicheurs » de saints du XVIIe siècle, comme on les a appelés, pour supprimer d'un trait toutes les traditions chrétiennes de la France, sur la foi d'un passage ambigu de Sulpice-Sévère,

confirment notre thèse : « Une tradition le fait venir en France et lui attribue la fondation du sanctuaire de Roc-Amadour. » Le célèbre écrivain aurait été complet s'il eût fait mention des traditions du Berry sur Zachée.

et de quelques lignes manifestement erronées de Grégoire de Tours.

Si l'on s'était contenté de dire que la Gaule n'accepta que lentement la foi chrétienne ; que, pour la convertir, les missions durent longtemps succéder aux missions [1] ; que c'est peut-être exagérer le nombre des sièges épiscopaux fondés par des contemporains des apôtres que de le porter à quarante, comme le font certains hagiographes ; qu'il se glissa en divers endroits de la confusion dans les légendes, jusqu'à attribuer à un seul et unique personnage des faits qui durent se répartir sur la vie de plusieurs apôtres successifs ; que le merveilleux prit une place par trop envahissante dans les mêmes légendes, et qu'une sage critique se devait à elle-même de rectifier les exagérations et les invraisemblances qui s'y étaient fatalement glissées au cours d'une si longue suite de siècles ; si, dis-je, on n'avait contesté que ces points, qui ne sont pas de l'essence de la question, on ne serait pas tombé dans l'étrange aberration de priver d'un seul coup, sans preuves sérieuses, et comme à plaisir, l'Église de France de ses véritables titres de noblesse.

Tous les témoignages se réunissent, au contraire, pour attester que les apôtres, chargés d'évangéliser l'univers, n'ont pas délaissé la Gaule, la plus belle et la plus voisine colonie de l'empire romain ; et Bossuet n'était que l'interprète des traditions, de la foi de toute l'Église de France lorsqu'il s'écriait, dans le *discours sur l'unité de l'Église* : « C'est vous, Seigneur, qui excitâtes saint Pierre et ses successeurs à nous envoyer, dès les premiers temps, les évêques qui ont fondé nos églises ! » Or, après les apôtres de la Provence, après les sept évêques nommés dans les actes mêmes du premier évêque de Bourges, et auxquels il se rattache lui-même, saint Ursin est l'un des messagers de la bonne nouvelle dont l'apostolat est le plus constant [2]. Mais il ne fut pas seul à évangéliser le Berry, qui

---

1. Lire dans les *Mémoires de la Société des Antiquaires du Centre* (1882) une lettre de Mgr de la Tour d'Auvergne à M. Raynal, qui a trait à ce sujet.

2. Mgr FREPPEL, *Saint Irénée*, 3ᵉ leçon.

offrait un champ assez vaste pour le zèle de plusieurs apôtres. Si saint Silvain n'agit pas de concert avec lui, et sous sa direction, nous pensons que, poussé par l'esprit de Dieu, il y exerça un apostolat parallèle, qu'il est facile de concilier avec celui de saint Ursin.

Tous deux étaient compagnons de saint Martial, l'un des sept évêques envoyés dans la Gaule par saint Pierre. D'autre part, les actes de saint Martial et la légende d'Aurélien donnent comme disciples, à l'apôtre de Limoges, Zachée, Véronique[1] son épouse, et plusieurs autres[2].

Il ne nous paraît donc pas qu'il y ait rien eu d'imprévu dans les circonstances qui leur firent exercer leur apostolat dans la même province. Voici donc de quelle manière, après avoir

1. De nombreux auteurs reconnaissent en Véronique l'hémoroïsse guérie par Notre-Seigneur (S. Luc, VIII. 43). Elle était épouse de Zachée. Pendant la Passion, elle essuya le visage de Jésus-Christ avec un voile où resta miraculeusement empreinte l'image du Sauveur. Elle fut mandée à Rome par Tibère malade, qu'elle guérit en exposant à ses regards le voile miraculeux. Saint Pierre étant venu à Rome, elle fut adjointe par lui à la mission que dirigeait saint Martial et dont Zachée, son époux, faisait partie. En compagnie des saints missionnaires, elle évangélisa l'Aquitaine. Alors, Martial s'étant fixé à Limoges, Zachée étant allé à Rome rendre compte à saint Pierre des progrès de l'Evangile en Gaule, pour venir ensuite prêcher la foi en Berry, Véronique s'établit à Soulac (*Noviomagus*) où elle mourut dans un âge avancé. Elle y fut ensevelie. C'est plus tard, seulement, peut-être au IXe siècle, que ses restes furent portés à Saint-Seurin de Bordeaux où on les vénère encore. (*Origines de l'Eglise de Bordeaux*, Mgr Cirot de la Ville. — *Vie des Saints de France*, Ch. Barthélemy. — *Vies des Saints du Pèlerin*, no 691. — *Le culte de Zachée*, l'abbé Damourette.) Voir aussi sur le Lait de la sainte Vierge, que portait avec elle sainte Véronique, et qui fut l'origine du nom de Soulac (*Solum lac*), Mgr Mislin: *Les Saints Lieux*, t. III. Les explications si sûres du savant auteur profiteront en même temps aux reliques de la précieuse croix d'Orval.

2. *Sanctus Martialis, cum Beato Amatore et uxore Veronica et aliis multis condiscipulis, in Aquitania intravit, de sanguine Beati Stephani secum ferens.* (Mss. Eccl. Ruthenensis. — P. Bonav., t. II, p. 260.) — C'est au sujet de l'apostolat de saint Martial et des traditions de Bordeaux et de Limoges que M. Augustin Thierry, dans une lettre à M. Arbellot, citée dans ses *Documents inédits sur saint Martial*, disait : « .. en ce point la tradition locale prévaut réellement sur l'histoire ». Il est facile de comprendre toute la portée de cette expression tombée d'une telle plume. Elle est pour nous la confirmation des lignes qui terminent ce paragraphe. (Voir aussi l'abbé Corblet, *Origines de la foi chrétienne dans les Gaules*.)

comparé les traditions diverses se rapportant à notre saint, il nous semble possible de déterminer les différentes phases de sa vie.

Après sa conversion et la mort du Sauveur, il s'attache à saint Pierre, qu'il suit à Antioche et à Rome. Avec saint Silvestre, Silvain ou Zachée est d'abord envoyé par son maître dans la campagne de Rome et dans diverses contrées de l'Italie. C'est pendant qu'il y prêche Jésus-Christ que saint Silvestre meurt et est ressuscité. Si l'on n'accepte pas cette mort et cette résurrection, les grandes lignes des travaux de notre apôtre n'en seront pas moins établies.

A cet endroit il existe dans les traditions du Berry une lacune qui se trouve comblée par celles de l'Église de Bordeaux. En effet, saint Pierre décide d'envoyer des ouvriers évangéliques dans la Gaule, dont une province a déjà reçu Lazare et ses sœurs. Il rappelle Zachée, le met avec saint Ursin, sainte Véronique et beaucoup d'autres disciples sous la direction de saint Martial, et les envoie, par la mer, en Aquitaine.

Bientôt il faut se partager ce vaste champ d'apostolat : saint Martial se fixe à Limoges et, de là, rayonne jusque dans les provinces voisines ; saint Ursin va porter la foi dans le pays des Bituriges[1] ; sainte Véronique dans celui de Bordeaux ; tandis que le Quercy, où il est connu sous le nom d'Amateur, échoit à Zachée.

Alors commence une vie de labeurs dont toutes les étapes, en Gascogne, en Limousin, en Poitou, en Marche, en Berry[2],

---

1. Saint Ursin a pu être détaché du groupe apostolique dirigé par saint Martial et être placé sous la direction de saint Austremoine, apôtre des Arvernes, qui l'aurait accompagné à Bourges et ne l'aurait quitté qu'après lui avoir donné la consécration épiscopale. (S. Grégoire de Tours. — *Lettre pastorale de prise de possession de S. G. Mgr Boyer*. — *Recherches historiques sur l'Église de Bourges*, l'abbé L. Mingasson.)

2. Nous n'insistons pas sur l'évangélisation probable par saint Silvain du territoire du vieil Alichamps ; mais, indépendamment des autres raisons que nous avons de l'accepter, il est bien remarquable que l'église d'Alichamps était, comme les églises fondées par saint Martial et par saint Ursin, sous le vocable du premier martyr. Or, comme

sont marquées par d'ineffaçables souvenirs et par le culte que lui décernent encore les peuples éclairés par lui. S'il s'interrompt parfois, c'est lorsqu'il se souvient qu'il a été pécheur. Retiré et solitaire dans les rochers sauvages du Quercy[1], comme plus tard dans les forêts séculaires du Berry, ainsi que Madeleine à la Sainte-Baume, il offre, pour son salut et celui des âmes, les larmes et les expiations de sa pénitence.

Combien de temps dura cette seconde mission? A quel moment saint Martial l'envoya-t-il à Rome pour rendre compte à saint Pierre des progrès de la Foi en Aquitaine? Revint-il dans le Quercy à son retour d'Italie? — Pour nous il est établi que sa vie ne se termina pas à Roc-Amadour, et que ce voyage de Rome, où il reçut de saint Pierre lui-même sa mission en Berry, fut la transition de l'un à l'autre apostolat d'Amateur ou de Silvain.

Ceci explique comment les traditions bordelaises ne vont pas plus loin, et pourquoi celles du Berry ne commencent pas plus tôt : les légendaires n'ont raconté, et peut-être connu, que ce qui intéressait leur province respective.

Mais l'apôtre que nous retrouvons évangélisant Gabatum[2], en compagnie de saint Silvestre, qui y est rejoint par Rodène,

cela a été souvent remarqué, ce choix indique *à priori* l'antiquité d'une église. Mais ce n'est pas seulement une église dédiée à saint Etienne que nous trouvons sur notre paroisse ; nous avons vu (1re partie, page 3) que des actes des papes Pascal II et Grégoire IX établissent l'existence, aux xiie et xiiie siècles, d'une chapelle de saint Pierre, à Bruères. Or, comme nos légendes nous l'ont attesté, la première église élevée par saint Silvain et saint Silvestre le fut sous le vocable de saint Pierre. Il s'agit plutôt ici de celle de Levroux ; mais, en présence de tant de liens qui unissent saint Silvain à la Celle-Bruères, ne sommes-nous pas autorisés à admettre que notre chapelle de Saint-Pierre a pu avoir la même origine?

1. De là les noms sous lesquels Zachée est connu des populations qu'il évangélisa : Amateur, *Rupis Amator ;* — Roc-Amadour, *Amatoris rupes ;* — Silvain, Silvestre, *Silvanus, Silvester, homme qui habite les forêts.* — C'est aussi pour cela qu'il est représenté dans un tableau de notre chapelle sous les traits d'un ermite, priant agenouillé devant un crucifix, et que, comme nous l'avons dit, rien ne rappelle l'évêque dans nos fresques et nos sculptures.

2. Il reste aussi un souvenir du passage de saint Ursin à Levroux dans le poème de Péan Gâtineau, déjà cité ; nous l'analysons brièvement. Quand saint Martin, hôte du seigneur de Levroux, se leva pour aller chanter

implorant le baptême, et par Corusculus qu'il convertit, c'est bien celui que le Quercy honore comme son initiateur à la Foi ; c'est l'envoyé de Pierre, le Zachée de l'Évangile, l'homme des rocs au midi, l'homme des forêts au centre de la Gaule ; partageant ici et là ses jours entre les fatigues de la prédication et les macérations du repentir ; partout convertissant les foules, et exerçant autour de lui, par la parole et la sainteté de sa vie, l'attraction qui est le privilège des grandes âmes.

En faut-il davantage pour comprendre que la foi des peuples, injustement hésitante et intermittente à l'endroit de l'apostolicité de saint Ursin, n'a jamais été ébranlée sur celle de saint Silvain ?

Après des travaux et une pénitence dont la durée ne nous est pas connue, il mourut à Gabatum, précédant de peu dans la tombe ses disciples Silvestre et Rodène. Longtemps vénérées à Levroux, ses reliques, comme nous l'avons dit, sont venues parmi nous à une date que nous n'avons pu fixer que d'une manière approximative, et c'est dans le tombeau de notre chapelle qu'il nous est permis de leur continuer le culte immémorial dont chaque siècle nous a laissé des témoignages.

Demander de tous ces traits épars, ou indiqués dans les traditions diverses, des preuves absolues, positives, c'est vouloir l'impossible. Les âges de foi n'ont pas soupçonné qu'il vien-

---

matines et la messe, il s'émerveilla de ce que les *jaux* (coqs) n'avaient pas chanté pendant la nuit. On lui répondit que c'était un effet de la colère de saint Ursin, qui avait ainsi voulu punir l'incrédulité des habitants. Saint Martin annonce qu'il va les absoudre de cette pénitence, car ils ont longtemps souffert :

      Ià sainz Ursins vou desvoudra.

Saint Martin se fait apporter de l'*avonne* (avoine), la bénit et la leur donne.

    Lors commencent à orguener
    Et a tele vie demener
    C'onq puis tele ne fut oïe,
    Ne tel chant, ne tel mélodie,
    Ne tel deduit, come il menèrent
    Quar tout le lonc du jor chantèrent.

Ce miracle est également rapporté dans la *Bibl. nova* du P. Labbe.

Cliché de M. Eugène Hubert. Phototypie J. Royer, Nancy.

ÉGLISE DE LA CELLE-BRUÈRES (CHEVET)

(XIe & XIIe SIÈCLES)

drait un temps où il faudrait, monuments en mains, montrer la vérité des traditions chrétiennes qui faisaient leur vie, et qui sont encore la base de notre histoire religieuse. Nos plus anciennes légendes ne remontent pas au delà du vi° siècle[1]. Les écrivains de cette époque et des siècles suivants ont pris les faits tels que les avait conservés la tradition orale ; ils n'ont négligé ni le merveilleux, ni les invraisemblances amassés au cours des âges ; ils ne se sont pas préoccupés de répandre sur leurs récits la couleur locale que le défaut de documents ne leur permettait pas de supposer ; mais, à part ce défaut de forme, auquel, dans une certaine mesure, nous pouvons suppléer, tout nous indique en eux des interprètes sincères de faits fidèlement conservés, possédant dans leur fond toute la certitude que nous sommes en droit d'exiger.

Pour ne parler que de nos traditions sur saint Silvain, qu'on les compare à celles qui ont trait aux saints personnages de la période apostolique, et nous osons affirmer qu'on ne les trouvera ni moins complètes, ni moins autorisées. Elles portent avec elles le cachet de leur antiquité, elles exhalent un parfum qui, après avoir embaumé les siècles passés, se répand encore suavement sur le nôtre. Ainsi elles protestent d'avance contre tout abandon que l'on ferait d'elles, par je ne sais quel esprit de fausse science.

IV

UN BIENFAITEUR DE LA CHAPELLE

Nous avons constaté, dans la chapelle de Saint-Silvain, une variété de style qui nous reporte du xvi° au xii° siècle, et nous permet de conclure qu'elle remonte probablement à une époque beaucoup plus reculée. Mais c'est en vain que nous avons cherché à découvrir ses origines : aucune donnée précise n'est venue les trahir. Au demeurant, la gloire de notre saint n'est pas intéressée à ce qu'on attribue aux monuments élevés en

---

1. M. FAILLON, *Mon. inéd.*, t. II.

son honneur telle origine plutôt que telle autre. Mais elle demande que ses hagiographes n'égarent pas l'opinion, en donnant comme certaines des affirmations qui ne reposent pas sur des bases suffisantes. Disons donc simplement ce que nous pensons de la dernière transformation de la chapelle [1].

Les armoiries qui s'y trouvent si souvent reproduites ne sauraient être attribuées avec fondement qu'à la famille Gouge de Charpeigne. Le plus connu de ses membres fut Martin Gouge de Charpeigne, du nom d'une terre, au canton de Baugy, né à Bourges [2] vers 1375, successivement chanoine de l'église de Bourges, trésorier du duc Jean de Berry, évêque de Chartres [3], puis de Clermont, et chancelier de France, qui mourut à Beauregard, maison de campagne des évêques de Clermont, le 26 novembre 1444. Le nécrologe de Saint-Ursin de Bourges mentionne sa mort en ces termes : *Die XXVI^a novembris obiit D. Martinus Gouge, Cancellarius Franciæ, Episcopus Claromontanus, parochianus originarius hujus Ecclesiæ* [4]. Il fut enterré à l'entrée du chœur de l'église Notre-Dame de Clermont où ses armoiries, qui sont bien celles de notre chapelle, *d'azur*

1. M. B. de Kersers, le savant président de la Société des Antiquaires du Centre, a le premier indiqué cette trace. Il nous fait l'honneur de nous écrire que pour lui-même elle n'est pas indiscutable. Cependant l'armorial berruyer ne nous donnant aucun autre blason qui se rapproche même de celui-ci, nous croyons fondé à considérer la famille Gouge comme dernière restauratrice de la chapelle de Saint-Silvain.

2. Ou à Baugy, suivant M. de Kersers.

3. La Thaumassière dit Castres. Nous avons laissé Chartres sur la foi de Duchesne, de dom Anselme, de Raynal et de la *Gallia Christiana*, VIII, col. 1,180.

4. La Thaumassière, livre I, ch. LXXXI.

à la fasce d'argent à trois croissants d'or, deux en chef, un en pointe, étaient gravées sur son tombeau [1].

Jean, frère de Martin, fut aussi trésorier du duc Jean de Berry, et eut pour fils Guillaume, nommé évêque de Poitiers en 1441, et Martin, deuxième du nom, père de Jean, également deuxième du nom, qui fut archidiacre de Saint-Flour. Nous inclinons à penser que le chancelier de France fut l'artisan principal de la restauration de la chapelle, mais qu'elle lui fut commune avec son frère ou ses neveux, ou achevée après sa mort par l'un de ces derniers. En effet, le blason n'est surmonté nulle part des attributs épiscopaux, et cependant Martin de Charpeigne fut évêque dès 1406. Pour qui connaît les usages de cette époque, il y a là une omission qui ne peut être le fait ni d'une distraction ni d'une renonciation volontaire. Elle s'explique d'elle-même si l'œuvre est commune à d'autres membres, non évêques, de la famille Gouge.

Il y aurait à indiquer les raisons qui ont pu amener les seigneurs de Charpeigne à remettre en honneur le sanctuaire dédié à saint Silvain. Martin Gouge voulut-il faire œuvre agréable à Guillaume d'Albret, l'un des compagnons de Jeanne d'Arc, alors seigneur de Bruères, dont le père, le connétable d'Albret,

---

[1]. Dom Anselme, *Histoire généalogique et chronologique*, etc. — Duchesne, *Histoire des Chanceliers*. — Raynal, *Histoire du Berry*. III, pl. v. — Dans son étude sur Martin Gouge (*Mémoires de la Société des Antiquaires du Centre*, II, 1868), M. le Président Hiver fait mourir le chancelier à Beaulieu. C'est Beauregard qu'il faut lire ; on dit même aujourd'hui Beauregard-l'Evêque, en souvenir de la maison de campagne qu'y possédaient les évêques de Clermont. De plus, selon lui, les armoiries de Martin Gouge seraient d'*azur à la fasce d'or, chargée de trois croissants d'argent, deux sur la fasce et un au-dessous*. Duchesne, auquel M. Hiver se réfère, n'autorise en aucune façon une lecture aussi défectueuse. Cette étude est généralement plus que sévère pour la mémoire du chancelier ; nous sommes assuré qu'une révision de ce travail, auquel la mort de son auteur empêcha de mettre la dernière main, eût amené de sérieuses atténuations et de nécessaires corrections. « Dans les temps de factions et de troubles, dit M. Hiver lui-même, les hommes de finance, enviés des uns, odieux aux autres, sont de véritables boucs émissaires, facilement sacrifiés par la fureur des partis ou les rancunes des grands. » Martin Gouge fut en même temps chancelier et évêque. C'est là probablement toute la cause de l'impopularité dont ses historiens le gratifient.

s'était assis avec lui dans les conseils royaux ? S'associa-t-il simplement au mouvement de piété, général alors, envers saint Silvain ? Martin et Guillaume Gouge s'inspirèrent-ils de la dévotion de leurs saints patrons dont les noms sont inséparables de celui de saint Silvain, et dont l'âge suivant retraça les traits sur les murs de la chapelle ? Tout cela peut être, mais un fait a pu, plus encore, contribuer à les déterminer.

Le siège de Bourges était alors occupé par Henri d'Avaugour, 86e successeur de saint Ursin (1421-1446). Il paraît avoir hérité de la piété envers saint Silvain, de ses prédécesseurs Dagbert, saint Guillaume et du bienheureux Philippe Berruyer, traditions que devaient reprendre ses successeurs Jean Cœur, Guillaume de Cambrai, Renaud de Beaune et Roland Hebert. En 1439, il fait reconnaître ses reliques à Levroux, et, en 1444, par l'intermédiaire de son official, il permet qu'on en détache un ossement, long de quatre doigts, pour le faire vénérer dans toute la province ecclésiastique de la métropole de Bourges [1]. Contemporain des Gouge, tous de sa ville archiépiscopale, ce prélat connut intimement Martin Gouge de Clermont et Guillaume dont il confirma, comme primat, l'élection au siège de Poitiers[2], et il y a tout lieu de croire qu'il eut une part comme conseiller, ou comme inspirateur, dans les résolutions qui amenèrent la restauration du sanctuaire du bois de Sully. Il fut peut-être l'instrument de la translation, sinon de la totalité des reliques, qui ne paraissent pas être arrivées parmi nous avant 1504, du moins du fragment qui venait de recevoir les honneurs de toute la province. Toujours est-il qu'en 1446, Henri d'Avaugour,

---

sur la seule foi peut-être de ses ennemis. — Les noms seuls de Guillaume Duprat, fils du chancelier de François Ier et fondateur du collège de Clermont (Louis-le-Grand), de Massillon qui embellit le château des magnifiques terrasses qu'on y admire encore, de Mgr de Bonal, qui bâtit le seul pavillon subsistant actuellement, sont toujours populaires à Beauregard. Le souvenir de Martin Gouge ne s'y est pas conservé.

1. *Petits Bollandistes*, t. XI, 22 sept. — Notes laissées par M. l'abbé Damourette.

2. La Thaumassière, t. II, p. 88. — *Rituel de Bourges*, p. 189.

frappé de la lèpre, semble se souvenir du pouvoir de saint Silvain sur ce mal terrible, et c'est à une demi-lieue de la chapelle où fleurit son culte, à l'abbaye de Noirlac, qu'il vient chercher une retraite, après s'être démis de son siège, se proposant sans doute de venir souvent, par les ombreuses allées de la forêt, demander guérison et consolation au reliquaire de saint Silvain[1].

Nous devons dire ici cependant que nous avons retrouvé dans le prieuré de la Celle une cheminée monumentale où sont sculptées les armoiries si souvent répétées dans notre chapelle. Cela pourrait faire supposer que le sanctuaire, construit à l'origine par la foi des populations, et le tombeau, élevé au temps de la translation des reliques, ont été mis dans leur état actuel par quelque prieur de la Celle, qui l'était en même temps de Saint-Silvain, et rendu riche, sinon par les revenus de ces modestes bénéfices, au moins, comme nous en verrons bientôt des exemples, par les opulentes abbayes dont il avait simultanément la commande. Mais, à l'examen, il est facile de reconnaître que cette cheminée, utilisée dans un édifice plus récent, a pu provenir de l'ancien prieuré détruit de Saint-Silvain. Le temps, espérons-le, soulèvera le voile qui ne nous permet pas de voir plus clair dans un passé déjà si lointain.

V

LE CULTE DANS LA CHAPELLE

Jetons maintenant un regard sur le passé de la chapelle de Saint-Silvain, en l'envisageant sous son triple aspect de prieuré, de fraction paroissiale, et de lieu de pèlerinage.

---

1. Une erreur purement matérielle, une faute d'impression peut-être, reproduite dans les diverses éditions de la Thaumassière, fait dire à M. Raynal (*Histoire du Berry*. III. p. 62) que le pieux archevêque vécut encore dix ans à Noirlac. En réalité, Dieu ne permit pas l'accomplissement de ses pieux projets. Il n'eut que le temps de se préparer saintement à l'éternité Il mourut, en effet, deux mois après son arrivée à l'abbaye, le 13 octobre 1446. (RENAUDET. *Histoire de l'Église de Bourges*. t. II.) Selon l'auteur de l'*Histoire du Berry* (ch. II. 87). Henri d'Avaugour, *par son testament olo-*

Aucun document ne nous fait connaître ce que dut être la chapelle de Saint-Silvain, comme prieuré, avant la fin du XVIIe siècle. Nous pensons cependant, d'après certains restes d'anciennes constructions, qu'il y avait là un établissement monastique renfermant, avant sa sécularisation et la période des commandes, un certain nombre de religieux.

Il semblerait résulter de l'étude des anciens registres paroissiaux que ses biens, dont l'importance nous est inconnue, furent réunis, vers la fin du XVIe siècle, à ceux du prieuré de la Celle, dont le bénéficiaire portait indifféremment le titre de prieur de la Celle et de Saint-Silvain, ou de l'un des deux seulement.

C'est ainsi qu'en 1628, *noble et scientifique personne messire Pasquier de Saint-Denys, aumônier ordinaire et Conseiller de Monseigneur le Prince* (de Condé), *chanoine de Saint-Étienne de Bourges*, est dénommé simplement *prieur du prieuré de Saint-Sylvain de ce lieu* [1] ; mais à cette date nous ne trouvons le nom d'aucun autre titulaire pour le prieuré de la Celle.

Le même fait se reproduit, mais en sens inverse, pour *scientifique Messire Gabriel Mignot, abbé de Bellevaux*, mort en 1688 et enterré *suivant son intention dans l'église Saint-Étienne cathédrale de Bourges*, où il fonda *un obit à perpétuité pour la somme de 1,200 livres*. Il est appelé, en 1665, *seigneur prieur commandataire de céant*, puis, un peu plus tard, *prieur de la Celle ;* mais alors nous ne trouvons pas pour Saint-Silvain de prieur distinct.

En 1706, apparaît le nom de *Messire Louis Henri Tiercelin de Saveuse* dont la mère, la comtesse de Saveuse, morte à 92 ans,

---

graphe, choisit sa sépulture en son église cathédrale, il donne même son épitaphe. Ailleurs (ch. III, 257), il est dit que dans les cloîtres de l'abbaye de Noirlac se lit *l'épitaphe de Messire Henri d'Avaugour*. Il faudrait donc admettre ou que sa volonté n'a pas été exécutée, ce qui est peu probable, ou que la soi-disant épitaphe de Noirlac n'était qu'une inscription commémorative.

1. *Registres paroissiaux*, 1628, 1635. — *Chartrier* de la Chatelette, 1633. Communiqué par M. L. Rollet.

en odeur de sainteté, dit le registre, fut enterrée *sous les cloches devant le Saint-Sacrement*. Il était abbé commandataire de *Notre-Dame de la Réole en Poytou*[1]. Les anciens actes le qualifient indistinctement de *prieur de céant, prieur de La Celle* et *prieur de Saint-Silvain*. C'est en cette dernière qualité que ses gens se crurent permis de lever, en 1728, le droit des aydes sur les marchands installés à la fête de saint Silvain, ce qui amena une réclamation de Mademoiselle de Charolais. Par acte passé devant Regnault, notaire à Paris, le 18 août 1729, l'abbé de Saveuse fut obligé de désavouer ses mandataires, il le fit du reste de bonne grâce, et de reconnaître les droits de Mademoiselle de Charolais [2].

Le nom d'un quatrième prieur de la Celle, *l'abbé Jean Charpentier*, est inscrit sur le tableau représentant saint Blaise dont il fit don à l'église de la Celle en 1769 ; mais, à cette époque non plus, rien ne nous a révélé l'existence d'un prieur spécial pour Saint-Silvain.

Si nous voulons bien nous souvenir que les armoiries, relevées dans la chapelle, se retrouvent dans le prieuré de la Celle, la fusion des deux bénéfices en un seul ne paraîtra plus douteuse.

A la Révolution, les biens relevant de Saint-Silvain furent vendus nationalement et acquis par M. Sapiens, puis ils passèrent par héritage aux familles Rapin, Rey, Roy de l'Écluse. Cette dernière les vendit à des marchands de biens, qui cédèrent par échange le domaine de Saint-Silvain à la famille Gonnet-Pirot-Aucouturier qui en est actuellement propriétaire.

Au point de vue paroissial, les habitants de Saint-Silvain, de la Chapelle Saint-Silvain, ou simplement de la Chapelle, d'après les anciens actes, dépendaient de la Celle-Bruères. Quant au sanctuaire lui-même, si l'on en croit quelques vieux souvenirs

---

[1]. C'est Notre-Dame de la Réau ou de Larreau (*Abbatia Sanctæ Mariæ de Regali*) qu'il faut lire. Ses ruines subsistent encore à 2 kilomètres de Saint-Martin-Lars, commune d'Availles-Limouzine, sur le Clain (Vienne).

[2]. Archives du château de Meillant.

restés parmi la population, il aurait servi, à une époque que l'on ne peut déterminer, d'église paroissiale. S'il en fut ainsi, ce ne put être qu'après la disparition de l'élément monastique et avant le temps où l'église de la Celle cessa d'être à l'usage exclusif des moines de son prieuré. Il est plus simple encore de supposer que Saint-Silvain fut alors organisé en chapelle de secours, administrée, selon l'ordre, par les curés de la Celle-Bruères. Cela est rendu vraisemblable par ce double fait que cette fraction de paroisse, composée aujourd'hui d'une ferme et d'une maison de garde, était qualifiée autrefois de village et de bourg (1728, 1734) et que l'affluence des pèlerins pouvait rendre nécessaire l'organisation d'un service religieux régulier dans la chapelle.

Ce qu'il y a de certain, c'est que *vénérable et discrète personne messire J. B. Michau, prêtre, curé de la Celle-Bruère et l'un des vénérables vicaires de la communauté de Charenton*, qui devait, après trente ans de ministère dans cette paroisse, devenir *prieur de Saint-André en l'église paroissiale de Charenton*, exerçait dans la chapelle de Saint-Silvain la plupart des fonctions curiales. Il y bénit un mariage le 11 février 1650, et enterra le 29 septembre 1670, *un pauvre mercier natif de Vèle proche Châteauroux dans le cimetière de Saint-Silvain*.

En 1670, il donne de ses deniers la petite cloche qui se voit encore au-dessus des voûtes crevassées, et il choisit pour parrain et marraine les personnes qui, l'année suivante, rempliront les mêmes fonctions pour la cloche de la chapelle de Saint-Clair, *Jean de Cusson, escuyer, seigneur de la Vallée, colonel au régiment de Gèvre et Marie Gasparde Chapus, épouse de maître Jean Cherrier, advocat au parlement*. Cette cloche est faite *à la diligence de Jean Merlin*, le procureur fabricien de la paroisse. Or, parmi les indications inscrites sur la cloche, on ne lit pas, à côté de celui du curé, le nom du prieur de ce temps-là. N'est-ce pas une preuve que, si le prieur avait conservé la jouissance des biens de son bénéfice, toute juridiction sur la chapelle était passée dans les mains du curé?

Enfin en 1728, *M. Louis-Timoléon Aubouër* est qualifié, par le lieutenant général au bailliage du Berry à Dun-le-Roy, *curé de Saint-Blaise et Saint-Silvain de la Celle-Bruères*. En cessant d'être à l'usage d'un prieuré dépeuplé, la chapelle de Saint-Silvain est donc devenue, ce qu'elle est encore aujourd'hui, partie intégrante du domaine curial des pasteurs de la Celle-Bruères[1].

On pourrait cependant admettre qu'en leur abandonnant l'usage de la chapelle et toute juridiction sur cette partie de la paroisse, les prieurs de Saint-Silvain s'étaient réservé le droit d'exercer seuls le ministère le jour de la fête du 22 septembre, et de percevoir les fruits du pèlerinage. Cette réserve nous parait résulter d'abord de cette tentative de prélèvement

---

1. Voici la liste des curés des trois paroisses, d'après les actes des anciens registres paroissiaux. Nous osons émettre le vœu que ces listes soient relevées dans toutes les paroisses, et qu'il en soit fait un répertoire complet, qui serait le nécrologe sacerdotal du diocèse. A tous les points de vue il serait convenable que les noms de ceux qui ont été, à la tête des paroisses, les ministres de Jésus-Christ et les représentants de l'Eglise, ne tombassent pas dans l'oubli. Les registres paroissiaux, conservés dans les mairies et dans les greffes, permettraient de les retrouver depuis le commencement du xviie siècle : les inventaires des archives départementales en donneraient encore quelques-uns, cités dans des documents antérieurs.

I. LA CELLE-BRUÈRES : 1623. T. Mathillot ; — 1628, Borday ; — 1630, François Gaschon ; — 1648, J.-B Michaud ; — 1677, Jean Momberol ; — 1719, Louis-Timoléon Aubouër ; — 1730, Sursoy, desservant ; — 1741. Péronnet ; — 1742, Jean-Louis Delpuech ; — 1749, André Simond ; — 1778, Charles Rollet, — 1780, Jean Pautut ; — 1784, Jean Rinche ; — 1802. Desmarquais ; — 1806. J. Crozat ; — 1808. N. ; — 1817, Gabriel Morlet ; — 1830, L. P. Robin ; — 1833, Jamot ; – 1836, A. Pacton ; — 1838. Georges Jacob ; – 1852, Antoine Blettry ; — 1879, Jean Létang.

II. ALICHAMPS : 1193, Garnerius ; — 1400, Etienne Jaro ; — 1416, Guillaume Malvoisin ; — 1558, Antoine Anthippe ; — 1629, Gilles Belhomme ; — 1618, Meuron ; — 1651. Pierre Merlin ; — 1654, Godefroy Boñard ; — 1666, Gilbert Déménitroux ; — 1698, Benoist ; — 1706, Jean Debize ; — 1723, Etienne-Joseph Lestourneau ; — 1734, Joseph Eustache ; – 1736, Charles-François Piaud de Villers ; — 1740. Le Rasle ; — 1740-1792. François Pajonnet.

III. FARGES : 1667. Charles Dumont ; — 1672. T Rougier ; — 1729, Claude Brulbault ; — 1737. frère Alexandre, carme ; -- 1739. frère Olivier de Saint-Jean ; — 1745. frère Augustin, carme ; — 1748. frère Philippe, carme ; — 1754, Robert ; – 1756. A. Brial ; — 1758, Riberolles ; — 1766. An.-Basile Barraud-Gauthier ; — 1769, François Le Lyon ; — 1775, Dardeau ; — 1779, Henry-Amand Piaud de Maupas ; — 1781, Gabriel Morlet ; — 179'. Poujou.

d'un droit sur les forains, en 1728 ; et ensuite de ce fait que depuis 1623, époque à laquelle remontent les registres paroissiaux, aucun des curés de la Celle-Bruères n'y écrit un seul mot concernant le pèlerinage de Saint-Silvain.

On aimerait, pour l'édification des fidèles et la gloire de notre saint, à raconter les démonstrations religieuses auxquelles donnaient lieu jadis les pèlerinages de Saint-Silvain, et les faveurs célestes obtenues devant les saintes reliques ; mais, habitué que l'on était alors à vivre dans une atmosphère de foi, et à renvoyer au Ciel seul l'honneur des bienfaits venus de lui, on ne tenait pas, comme aujourd'hui, registre des manifestations de la foi et des grâces dues à l'intercession des saints. Et puis, il ne faut pas oublier que les pèlerinages étaient de simples incidents dans la vie des générations croyantes et heureuses d'autrefois, et, comme elles, ils n'ont pas d'histoire. On venait, on priait, on s'en retournait consolé ou guéri, on gardait profondément gravé au cœur le souvenir du bienfait reçu, on le racontait quelquefois en famille aux veillées d'hiver, afin de faire passer au cœur des enfants la confiance dans le saint dont on avait éprouvé la puissance, et tout se bornait là. Ainsi s'est perpétué jusqu'à nos jours le concours, parfois surprenant, des peuples en maint pèlerinage, dont l'origine et l'histoire ne sont pas moins nébuleuses que le passé de Saint-Silvain.

Cependant il nous est permis, par ce qu'était encore, d'après les récits des vieillards, le pèlerinage à la fin du siècle dernier, de conjecturer combien considérable était le concours des pèlerins, principalement le jour de la fête de saint Silvain. Il devait y avoir ce jour-là autour du tombeau, de véritables foules de malades, d'infirmes, de mères éplorées avec leurs enfants dans les bras, venant demander la guérison des fièvres persistantes ou des convulsions, appelées indistinctement le *mal de saint Silvain* [1].

1. Il résulte des recherches de M. E. Hubert, sur *le mal de saint Silvain*, que strictement « cette maladie n'avait rien de commun avec la lèpre du

Bien que ces beaux jours soient déjà fort éloignés de nous, on parle encore, dans la paroisse, de ces longues files de cavaliers, hommes et femmes, dont les montures, attachées aux haies, pressées les unes contre les autres, bordaient l'un et l'autre côté des deux chemins qui relient la Celle à Saint-Silvain.

Chaque pèlerin, après avoir assisté à la grand'messe, s'être fait dire un évangile et avoir baisé la statue du tombeau, revenait par la fontaine de Saint-Clair, y buvait en passant un peu d'eau et en rapportait à la maison une petite provision pour les besoins de l'année. C'était là le complément obligé de tout bon pèlerinage à Saint-Silvain. Ainsi rejaillissait sur saint Clair quelque chose de la piété qui amenait les peuples au tombeau vénéré.

Disons, en passant, un mot du saint qui profite de la vogue du sanctuaire voisin. Déjà, en l'an du Seigneur 1667, *messire* J. B. Michau se demandait quel était le saint Clair[1] auquel était dédiée la chapelle de sa paroisse, et ne parvenait pas à élucider a question. Nous pensons qu'il s'agit de l'un des apôtres des Aquitaines. Il remonterait, lui aussi, aux temps apostoliques, serait le fondateur de l'Église d'Albi, et aurait été martyrisé à Lectoure. Cette chapelle, élevée aux confins nord de l'Aquitaine, pouvait rappeler la limite extrême des prédications de cet apôtre, et, autre raison de ce sentiment, ici, comme à Co-

---

moyen-âge, et que, d'après de nombreuses mentions du cartulaire de Levroux, au XIIIᵉ siècle, c'était une maladie locale, espèce d'érysipèle qui affectait un membre ou une partie du corps. Celui qui était atteint du mal de saint Silvain (*infirmitas beati Silvani, ignis gehennalis*), était reçu par les chanoines de Levroux dans le Porche, sorte d'hôpital spécial où le malade était gardé neuf jours. Après ce délai il se déclarait serf du chapitre et lui faisait hommage ». Il faut conclure de là qu'il y avait une maladie que l'on appelait *mal de saint Silvain, feu d'enfer, feu de saint Silvain;* mais tout prouve, et en particulier les nombreux miracles racontés dans notre vieux Bréviaire, que l'on venait au tombeau de saint Silvain pour obtenir la guérison de toutes sortes de maux. Il n'est pas étonnant, dès lors, que le nom de *mal de saint Silvain* ait été donné à des maladies très diverses.

1. Les *Petits Bollandistes* indiquent sept personnages de ce nom.

logne-du-Gers, qu'il a évangélisé et où il est honoré d'un culte spécial, on l'invoque pour les maux d'yeux. Cette réputation, qui, comme cela est arrivé pour tant de saints, lui vient de son nom, ne paraît pas lui être commune avec les autres saints du même nom, cités au martyrologe. Mais le champ est ouvert à toutes les suppositions : rien, dans l'histoire et les traditions locales, n'étant de nature à nous éclairer.

De temps immémorial la fête de saint Silvain (22 septembre) donnait lieu à une assemblée, qui, depuis longtemps déjà, a été transférée à Bruères. Les seigneurs d'Orval et de Montrond y percevaient un droit sur les marchands qui venaient s'y installer. Nous avons vu quel litige amena, en 1729, la méconnaissance, probablement involontaire, de ce droit.

Bien que le mouvement décroissant du pèlerinage fût commencé depuis longtemps, le procès-verbal de 1833 signalait, comme une preuve de nos traditions, le concours du Berry, et principalement de l'arrondissement de la Châtre, au tombeau de saint Silvain. Aujourd'hui encore c'est des environs de la Châtre que nous parviennent la plupart des demandes de prières en son honneur.

Son culte, toujours si populaire au moment de la Révolution, fut probablement ce qui sauva la chapelle. On n'osa pas, dans les actes de vente, faire mention de son aliénation, en sorte que les nouveaux possesseurs des biens de l'ancien prieuré n'élevèrent toujours sur elle que de timides et vaines prétentions. La paroisse, forte d'un usage non interrompu, protesta de ses droits, et elle est aujourd'hui seule et incontestée propriétaire.

Mais comment, dans nos jours d'indifférence, la popularité du culte de saint Silvain aurait-elle résisté au spectacle attristant qu'offre la chapelle depuis de si longues années ? Comment les derniers pèlerins, oublieux des traditions de leurs pères et de bienfaits que tout proclame, ne déserteraient-ils pas un sanctuaire interdit, où ils n'ont plus désormais la consolation de voir célébrer les saints mystères ?

VI

HODIE SALUS DOMUI HUIC A DEO FACTA EST!

Mais quittons ces tristes pensées, et voyons quelles conclusions ressortent des pages qui précèdent. Si elles n'ont pas établi la certitude des diverses questions qui y sont traitées, elles en ont montré la vraisemblance et la probabilité. Pour nous saint Silvain est le converti de Jéricho; il a exercé son apostolat auprès de nos pères, sur cette terre du Berry qui nous est chère et Dieu a permis que ses restes reposassent dans la chapelle élevée en son honneur sur le territoire de La Celle-Bruères.

Si le tombeau de saint Ursin n'était pas perdu pour nous, si ses reliques n'avaient pas péri dans la tourmente révolutionnaire, de quels honneurs ne les entourerions-nous pas? Si demain Dieu nous rendait ce trésor, comme il nous le rendit une première fois par saint Auguste et par saint Germain, quelle reconnaissance et quelle joie ne seraient pas celles des croyants berruyers? Qui ne sait le culte rendu à ce qui nous reste du corps de sainte Solange, la vierge et la patronne du Berry? Quelle fête que ce millenaire dont le souvenir est encore présent à toutes les mémoires!

Eh bien! nous possédons un tombeau que les traditions les plus vénérables nous donnent comme celui du publicain converti de l'Évangile, qui fut l'hôte de Notre-Seigneur Jésus-Christ, et reçut de lui les plus divines promesses : de Zachée, disciple de saint Pierre, compagnon de saint Martial, associé aux travaux de saint Ursin ; de l'Amateur du Quercy, de Silvain de Levroux, l'un de nos pères dans la foi; de Silvain dont le culte fut si populaire parmi nos aïeux. Et ce tombeau, auprès duquel, dès l'origine, se pressaient les foules et s'accomplissaient des prodiges; objet, au IVe siècle, de la vénération et des pieux pèlerinages du plus populaire des apôtres de la France, de saint Martin de Tours, dirai-je seulement qu'il reste sans honneurs ?

En réalité notre ingratitude est allée plus loin ; il est l'objet du plus irrespectueux des abandons, dans une chapelle qui a eu ses beaux jours, qui garde comme un écho des prières murmurées durant des siècles à son ombre, et qui, désormais vouée à la destruction et frappée d'interdit, semble s'affaiser sous le double poids des outrages du temps, et des anathèmes ecclésiastiques.

On pourrait presque fixer le moment où notre précieux tombeau, le plus riche reliquaire du Berry, disparaîtra sous des voûtes qui l'écraseront de leurs décombres.

Et ainsi ce trésor que les siècles et les révolutions ont respecté, périrait par notre faute ! Ces dépouilles sacrées, qui nous sont restées fidèles et ne nous ont pas abandonnés comme on abandonne une terre inhospitalière, se verraient condamnées par notre indifférence.

Non, le Berry chrétien n'acceptera pas une telle responsabilité ! Il comprendra son devoir de tout tenter pour empêcher ce malheur et préserver de la ruine le tombeau et le sanctuaire qui l'abrite.

On a émis la pensée de transporter le saint tombeau dans l'église de la Celle. Il y trouverait en effet un asile digne de lui ; l'une des chapelles du transept pourrait être consacrée à saint Silvain ; son culte s'y organiserait sous l'œil du pasteur de la paroisse, et les pèlerins pourraient y être reçus à toute heure.

Si aucune autre solution n'est possible, nous acceptons celle-ci ; non parce qu'elle comble nos vœux, mais parce qu'elle nous permettra d'assurer plus promptement le salut de notre cher tombeau.

C'est à ce projet que s'était arrêté en dernier lieu Mgr Marchal, de vénérée mémoire. Commençant naguère, par une halte à la Celle-Bruères, cette dernière tournée pastorale que la mort devait si brusquement, si tragiquement interrompre, il nous laissait voir combien tenait de place dans son cœur la question de Saint-Silvain. En présence d'espérances qui n'avaient rien donné, devant des promesses qui ne s'accomplissaient pas, il n'entrevoyait plus comme possible que la translation des reliques dans la vieille église paroissiale, et il nous indiquait la voie pour la réaliser [1].

Mais, pour lui aussi, l'abandon de la chapelle n'était qu'une nécessité regrettable, et son âme se réjouirait dans les cieux si, non contents de préserver le tombeau de la destruction, nous arrivions à l'effort qu'il avait espéré de nous, si nous sauvions aussi l'antique chapelle.

Cet effort, faisons-le ; nous nous le devons à nous-mêmes ; nous le devons à ceux qui nous ont précédés.

Nos pères, pénétrés d'amour pour le saint qui avait choisi parmi eux sa dernière demeure, de vénération pour le trésor confié à leur garde, avaient su lui dédier un sanctuaire refait et embelli d'âge en âge ; lui consacrer une châsse, en même temps symbole de leur foi et témoignage d'une piété reconnaissante. Venons à notre tour sauver ce monument précieux de nos traditions, ce souvenir légué aux temps présents par la piété du passé, ce temple si souvent, si pieusement visité par nos pères. Si saint Silvain a droit dans nos cœurs à la place qu'il tenait dans les leurs ; si les souvenirs de leurs origines chrétiennes sont chers aux catholiques berruyers, qu'ils se laissent émouvoir et sachent être généreux pour une œuvre à laquelle les convient le cœur et la foi !

Le Berry ne sera pas seul. Saint Silvain, il est vrai, lui appartient par la fin de son apostolat, par sa mort et par son tombeau ; mais il appartient à tous et à l'Église entière par la place qu'il possède dans l'Évangile. Qui ne s'est senti ému de

---

[1]. Pendant que nous écrivons ces lignes, les journaux annoncent la promotion de S. G. Mgr Boyer au siège archiépiscopal de Bourges. La Providence a ses desseins que nous ne pouvons préjuger : mais comment ne considérerions-nous pas comme de bonne augure pour Saint-Silvain l'arrivée à Bourges d'un prélat si universellement apprécié pour sa piété, ses talents et ses grandes œuvres, le dernier successeur à Clermont du restaurateur de notre chapelle au xve siècle.

sympathie pour ce *petit* qui va chercher dans les rameaux du sycomore le bonheur d'entrevoir Jésus? Qui n'a admiré cette âme généreuse qui, au premier rayon du Soleil de justice tombé sur elle, a sondé ses plus secrets replis, et s'est proclamée prête à tout rendre au quadruple?

Tous ceux, en un mot, qui auront trouvé là une mémoire à honorer, un grand apôtre et un grand saint à glorifier, se réuniront pour accomplir l'œuvre de la réparation!

Dieu sera avec eux! car, si sa main soutient encore ces murailles chancelantes, c'est qu'il a ses desseins sur ce sanctuaire. Humble, petit, pénitent, Zachée de Jéricho, Silvain de Levroux et de la Celle-Bruères n'est-il pas de ceux que Dieu se plaît à glorifier? Et ne peut-il de son souffle puissant, en un siècle qui a vu de si belles résurrections, changer les cœurs des peuples, y faire revivre la foi des jours passés, et ramener à son serviteur, dans un temple refait, les foules qui, aujourd'hui comme autrefois, ont besoin de sa protection?

Pourquoi ne pas espérer que Celui qui a prononcé et réalisé, aux jours bénis de son pèlerinage terrestre, une promesse de salut sur la maison de Zachée, redise, sur l'asile croulant de sa tombe, la même parole de vie! *Hodie salus domui huic facta est!*

Et si Dieu nous veut associer à la réalisation de cette parole de vie, — soyons généreux comme toujours, pour la gloire de Dieu — et pour l'honneur de l'un de ceux, qui, ayant reçu la plénitude de ses bénédictions, les versera ensuite avec abondance sur ses fils dans la foi, — sur les restaurateurs de sa tombe!

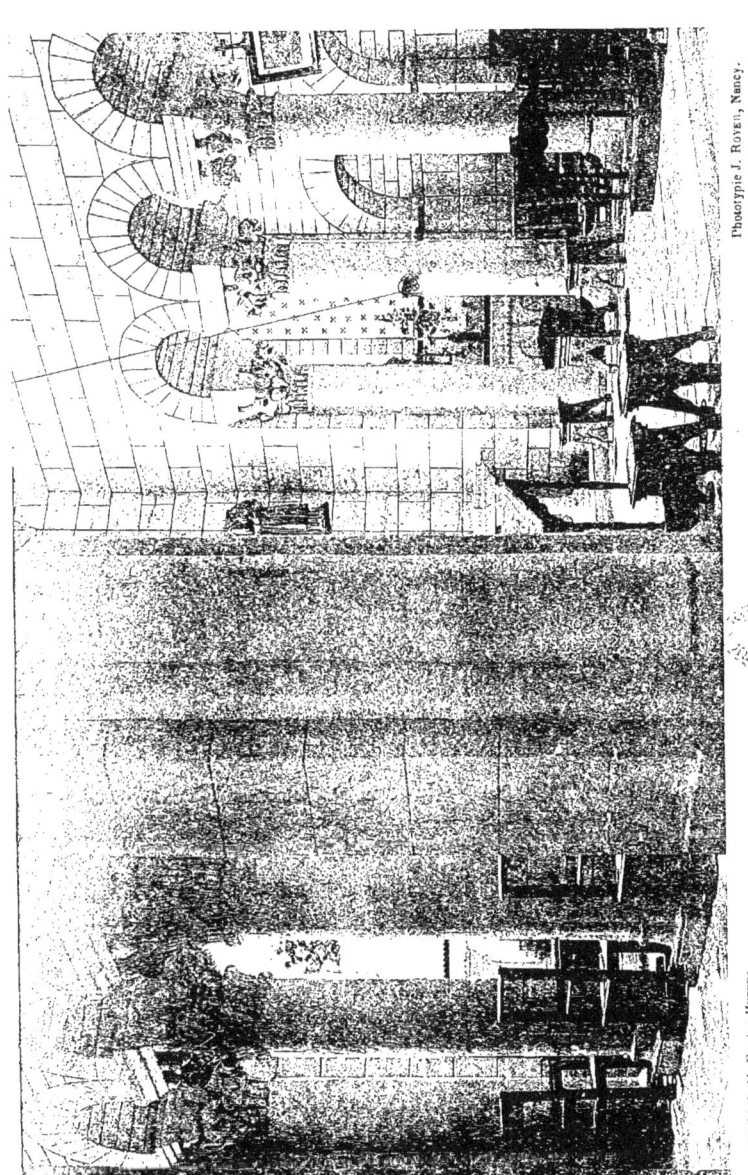

ÉGLISE DE LA CELLE-BRUÈRES

COLONNADE DU CHŒUR (XIe & XIIe SIÈCLES)

†

SAINT SILVAIN, APOTRE DU BERRY

PRIEZ POUR NOUS

SAINT SILVAIN, MODÈLE DES PÉNITENTS

PRIEZ POUR NOUS

SAINT SILVAIN, SANTÉ DES MALADES

PRIEZ POUR NOUS

SAINT SILVAIN, PROTECTEUR DES PETITS

PRIEZ POUR NOUS

SAINT SILVAIN, PATRON DES ENFANTS ET
CONSOLATEUR DE LEURS MÈRES

PRIEZ POUR NOUS

*Erit sepulchrum
ejus gloriosum.*

Son tombeau sera glorieux.
(Is., xi, 10.)

TABLE

PREMIÈRE PARTIE

Introduction	1
I. Les Peintures murales	6
II. Le Tombeau de saint Silvain	30
III. La Chapelle du Bois-de-Sully	38

SECONDE PARTIE

I. Les Reliques du Tombeau	43
II. Saint Silvain et Zachée	49
III. Apostolat de saint Silvain	58
IV. Un bienfaiteur de la Chapelle	65
V. Le culte dans la Chapelle	69
VI. *Hostie salus domui huic facta est!*	77

PLANCHES

I. Chapelle de Saint-Silvain.
II. Abside de la chapelle de Saint-Silvain.
III. Tombeau de saint Silvain.
IV. Tombeau de saint Silvain (Inscription).
V. Conversion de Corasculus (Peinture murale).
VI. Église de la Celle-Bruères (Chevet).
VII. Église de la Celle-Bruères (Colonnade du chœur).

Bourges. — Imp. Tardy-Pigelet, rue Joyeuse, 15.

www.ingramcontent.com/pod-product-compliance
Lightning Source LLC
Chambersburg PA
CBHW070247100426
42743CB00011B/2165